「ファンデーション」より「口紅」を先に塗ると誰でも美人になれる

「いい加減」美容のすすめ

松本千登世

講談社

手に入れたときよりもずっと
「いい顔」になったソファ。
ふと思うのです。
「もの」ではなくここで過ごす
「時間」が欲しかったのだと。

睡眠の質＝人生の質。
そう気づいてから、
寝具の質感から光、香りまで、
それまで以上に、眠る「環境」を
大切にするようになりました。

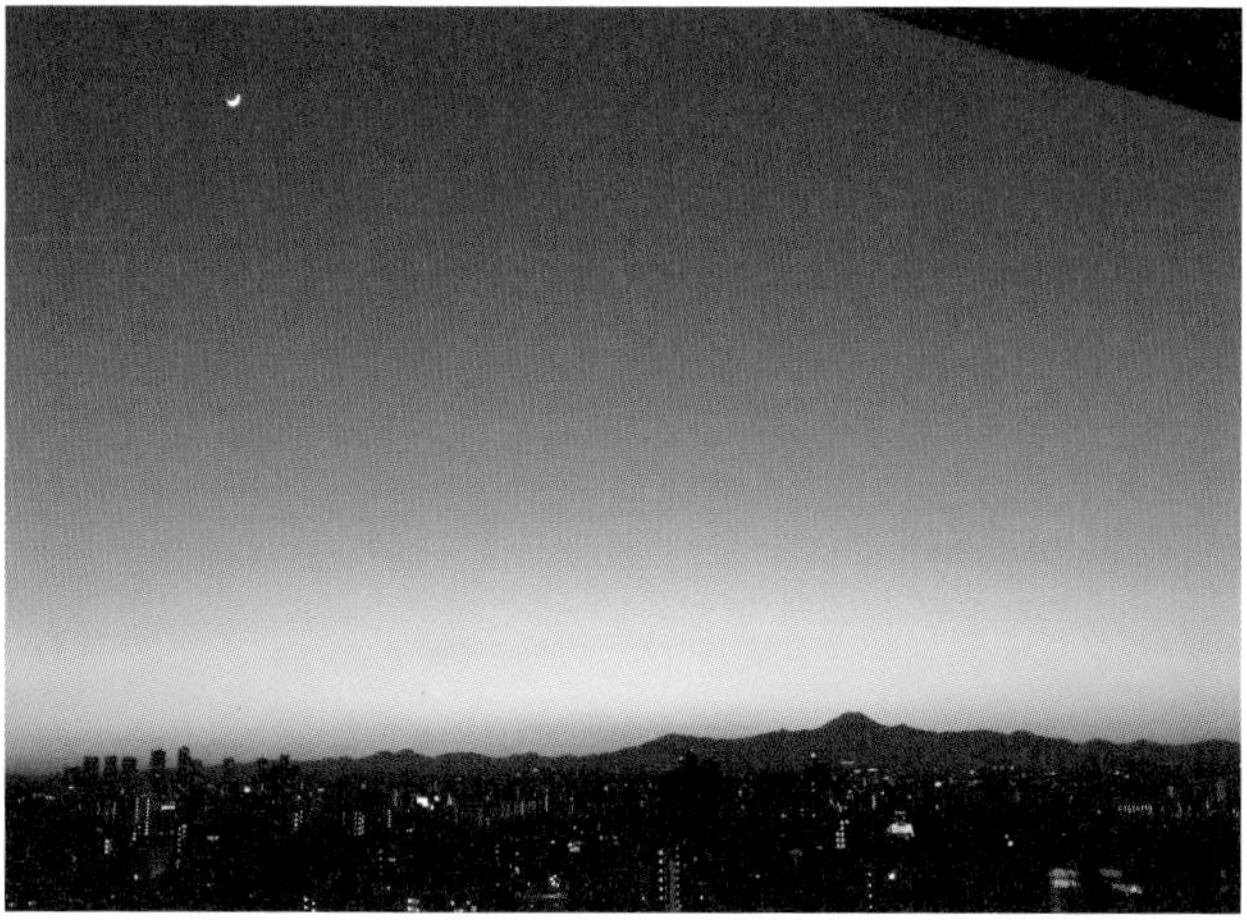

空を見上げるようにしています。
澄み渡った空も、小雨の降る空も、
朝焼けも夕焼けも、
今の幸せや大切な人への感謝を
呼び覚ましてくれるから。

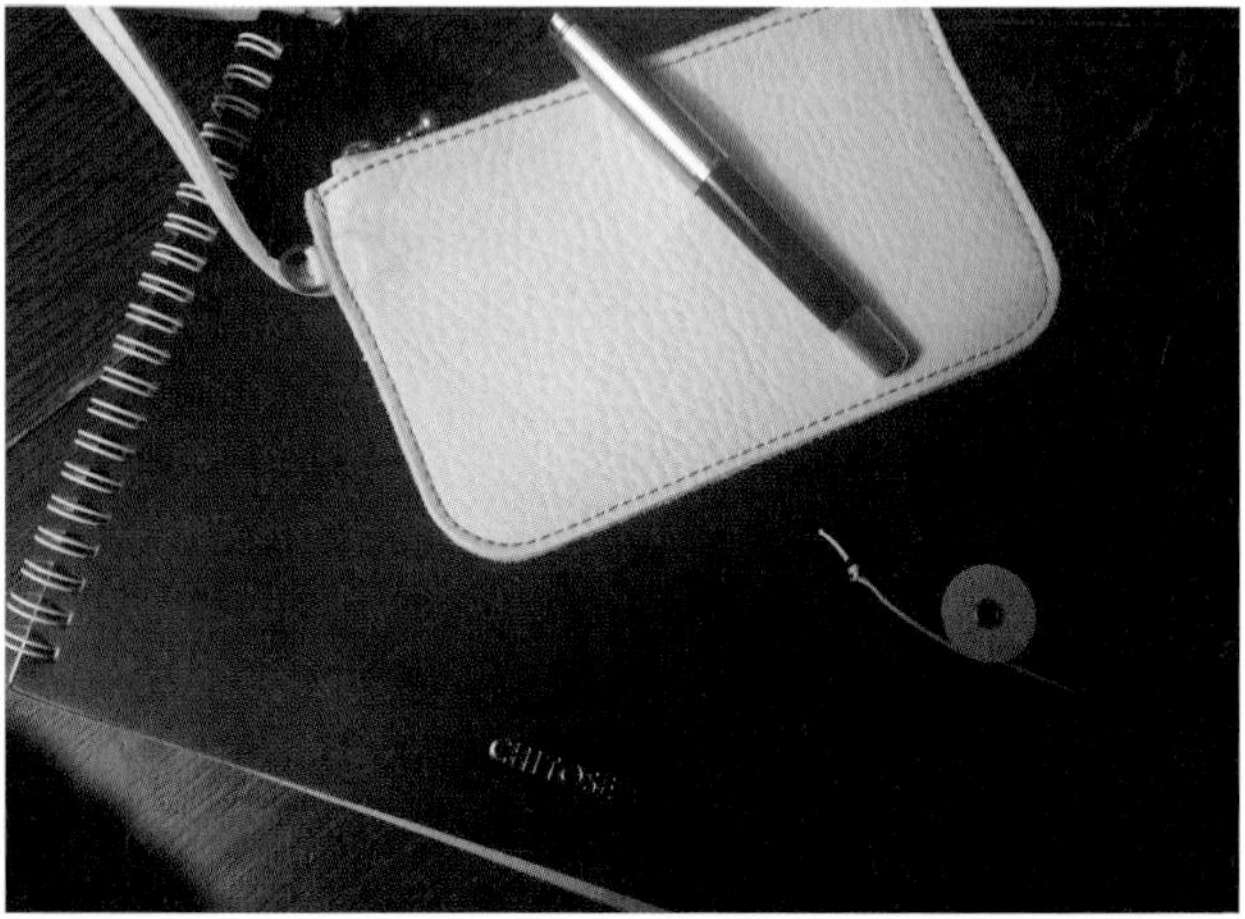

自他ともに認めるアナログ派。
デジタルの便利さや
スピードには頼りながらも、
アナログに宿る温もりが
自分を支えてくれる気がして。

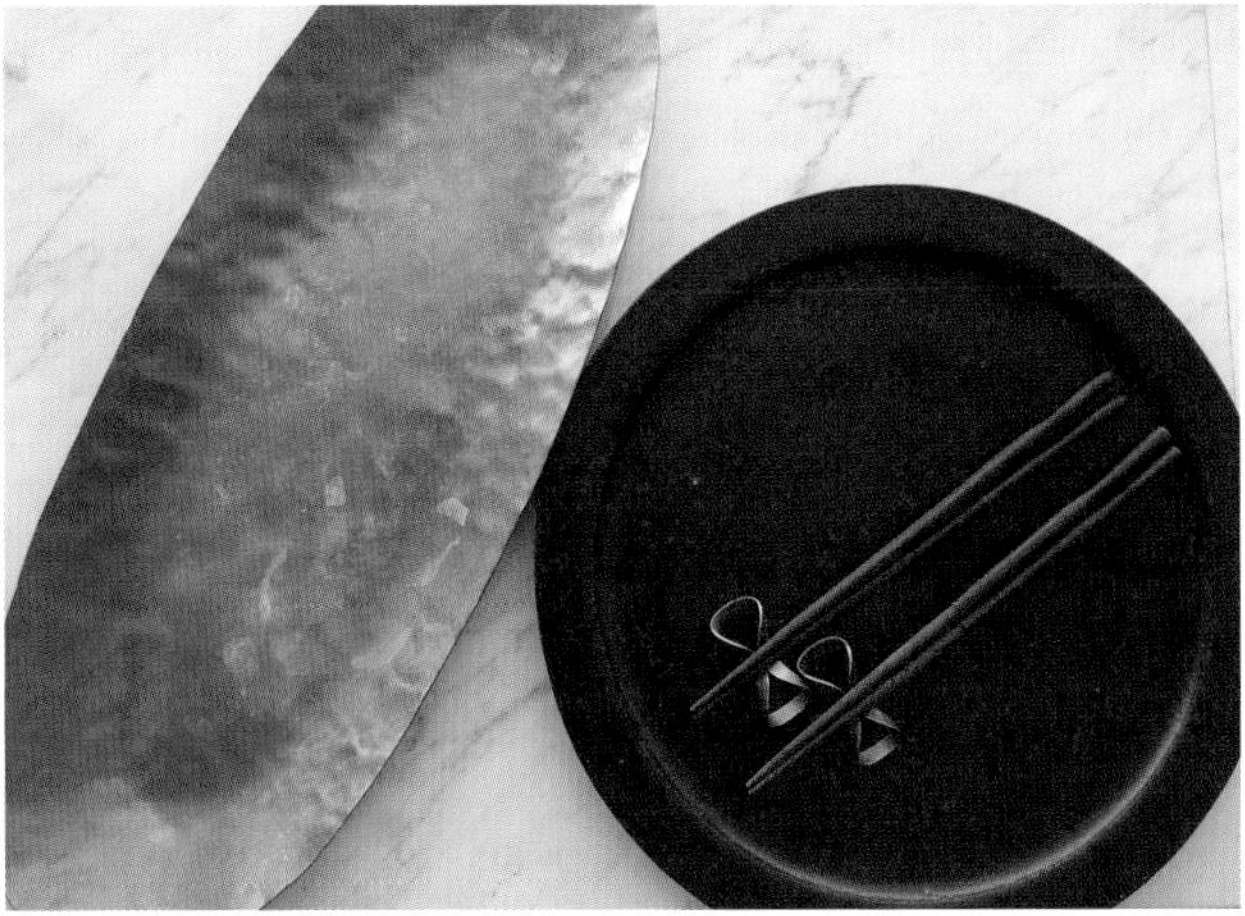

たとえひとりの食事でも、
箸置きと器は大切に。もちろん、
気の置けない大好きな人たちと
一緒に大皿を囲むのは、
このうえない幸せだけれど。

手に入れてから
何年が経つでしょう？
色は褪《あ》せ、形は崩れ、布は擦れ。
でもどんどん自分に
フィットしていくよう。一生の相棒。

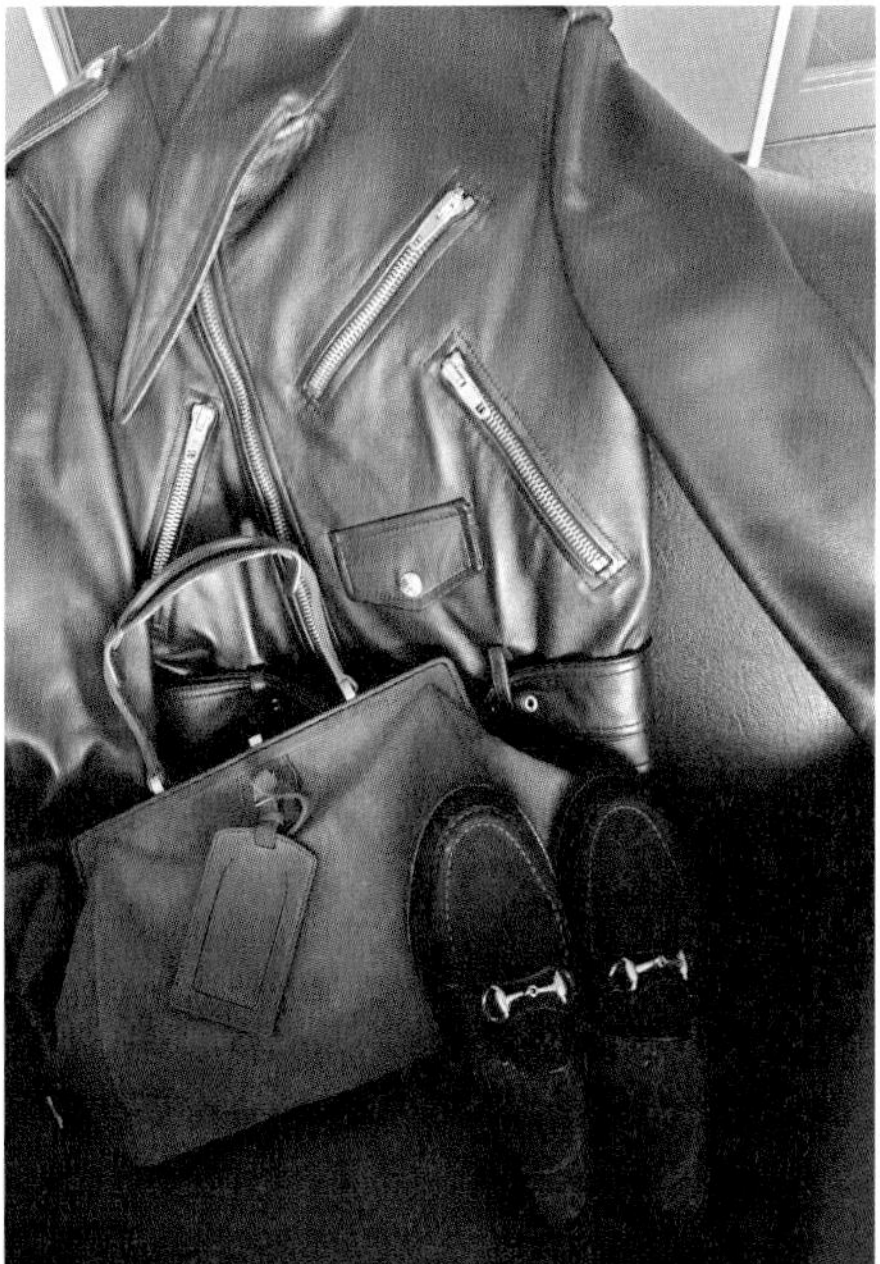

自分にとっての本物を見極める
選択眼を磨きたいと思います。
選び抜いたものは、
いつでもいつまでも
静かな興奮を与えてくれるから。

大の和食器好き。
シンプルながら、どこか
温もりを感じるものに惹かれます。
親友や母からプレゼントされた
器は、何よりの宝物。

「ファンデーション」より
「口紅」を先に塗ると
誰でも美人になれる

目次

chapter ① 顔の作り方を変える。

chapter 2 自分の見方を変える。

chapter 4 習慣を変える。

chapter 5 価値観を変える。

chapter

① 顔の作り方を変える。

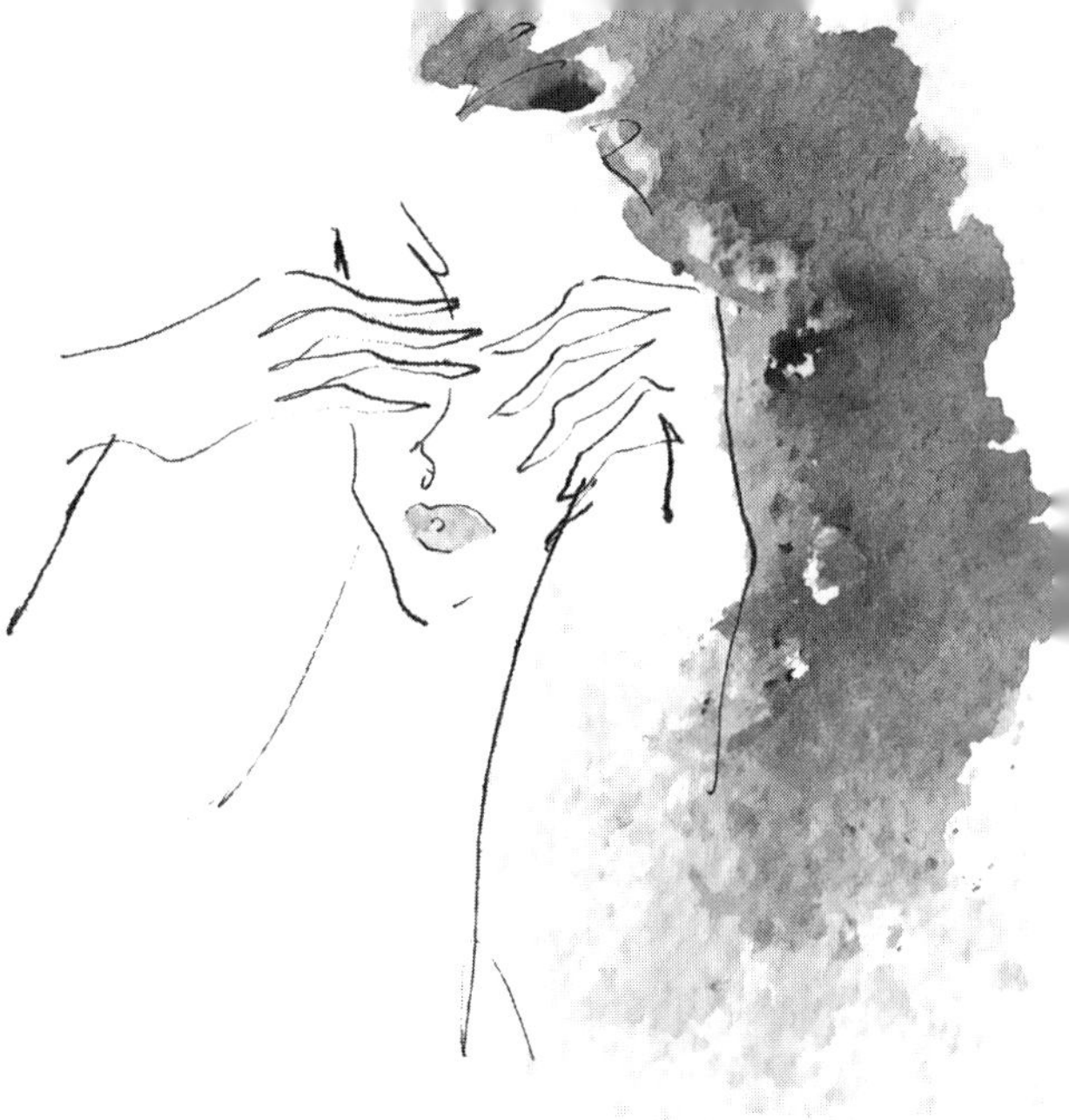

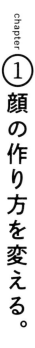

1 ファンデーションより、口紅を先に塗ってみる。

その日私は、どうしても赤の口紅を塗って出かけたいと思っていました。フランスから来日したアーティストの男性に、赤の口紅についてのインタビューをする予定だったから。つけ慣れない色をなんとかつけこなして、会話の糸口を摑みたいと思ったからでした。

いつも通りのメイクステップを踏み、いざ、赤を唇にのせてみると……？ あれっ、5歳も10歳も老けて見える。ファンデーションが分厚く真っ白に映って、どこか「古臭い」顔になった気がしたのです。

ファンデーションを少し落としてみたり、眉の色を柔らかくしてみたり、唇の輪郭を綿棒でぼかしてみたり。さらには、ヘアスタイルを変えてみたり、洋服を着替えてみたり……。ああでもない、こうでもないと、「引き算」をしてかろうじて私の顔に赤を収めたものの、結局、納得がいかないままに出かける羽目になったのでした。

はたと思いつきました。そうだ、先に口紅を塗ってみよう。アイメイクよりも、いやベースメイクよりも先に。口紅があとって決めつけていたのは、なぜ？　順序を入れ替えてもいいじゃない？　と。

すると、肌はシミやそばかすが透けて見えるくらいに薄く作ったほうがいい、顔の高いところには、ほどよいツヤを作ったほうがいい、眉も目元も、少しだけ優しい印象に作ったほうがいい……。その日の顔の「ゴール」まで、スムースに進んだのです。

口紅を主役にするときはもちろん、脇役にしたいときにも、この方法はとても効果的。自分の顔がきっと、新鮮に見えるはずだから。

2 「凛」としたいときは眉から、「華」が欲しいときは唇から。

赤の口紅をきっかけに、私は、「実験」をし始めました。順序を少しずつ変えてメイクをしてみたんです。

たとえば、ファンデーションを塗ってからチークを塗る日と、チークを塗ってからファンデーションを塗る日と。

ほかにも、アイメイクをしてから眉を描く日と、その逆と。アイラインを入れてからアイシャドウを塗る日と、その逆と。リップラインを描いてから口紅を塗る日と、その逆と。アイメイクを終えてからリップメイクを始める日と、その逆と……、といった具合に、細かく、細かく順序を入れ替えて。

そのたび、不思議なことに、自分の顔がほんの少しだけ、違って見える。それまで、「目をつぶってでもできる」くらい惰性で行っていたメイクに、そうでなかったときのように真剣になっているのがわかったのです。

そして、たくさんの「自分の顔」を発見しながら、居心地のいい仕上がりを模索し続けていたら……？　シンプルな結論が見えてきました。「凜」とした表情を作りたいときは、眉を最初に仕上げること。一方、「華」のある表情を作りたいときは、唇を最初に仕上げること。

こうして、なりたい印象を作るために、もっとも「力を込める」べきパーツをいちばんに仕上げることで、それ以外のパーツは上手に力を抜くことができる。「すべてに全力」のフルメイクではなく、メリハリが利いた「いい」「加減」の顔が叶うというわけなのです。

上手に力を抜くことができたとき、自分の顔が新鮮に映る。この顔に、大人のナチュラルの「正解」がある気がします。

3 いっそ、ファンデーションを塗らない日があっていい。

親しい美容編集者の女性が、こう言っていたのを耳にしました。

「大人の肌なら、いっそ、ファンデーションを塗らないという提案があっていいと思うんです」

もちろん、ファンデーションを塗らない＝素肌のまま、という意味ではありません。ファンデーションを塗らずに、疲れ感や老け感を一掃して、清潔感と生命感をプラスする方法を提案したい。だってそのほうが、大人の肌が綺麗に見えるときがあるんだもの……。

じつは私、こっそり実践していました。そのほうが、肌を覆い隠していない分、崩れが少なく、結果的に夕方の顔が元気に見えることがあるから。

具体的には、こう。血色をプラスしながらトーンアップする下地やUVケアで肌を整える。柔らかめのコンシーラーでくすみやたるみ、くまなど目の下の陰、目尻や小鼻脇、口角の赤みやくすみを丁寧にカバー。

そして、パウダーをブラシ使いして、薄く薄くコーティング。できれば、肌の一部として、チークをうっすら纏《まと》わせて。

最後に、両手のひらで顔全体を覆って、手の温度ですべてを一体化させるステップを。あとは、眉とアイラインだけで仕上げるもよし、マスカラと口紅だけで仕上げるもよし。眼鏡やアクセサリーの力を借りるのもいいでしょう。

親しい友人たちとのホームパーティや、海外旅行に向かうフライト中など、肌も心も体も軽やかでいたい日のメイクアップに最適な肌です。

ただ、大人が「ファンデーションを塗らない」はむしろ、手間や時間がかかると心得てほしいのです。手抜きが見えた途端、それは「疲れ」や「老け」に映るから。

4 顔の形も頭の形も、ドライヤーでデザイン。

ヘアサロンAMATAのオーナー、美香さんは、ビューティ・プロデューサーとしてヘアやビューティに関することのみならず、ライフスタイルにまで注目が集まる人。心から尊敬する女性のひとりです。ある日、美香さんが私の顔を見るなり、ひと言。

「あのね、顔が四角く見える気がするの」

その原因は、私の髪の乾かし方にあるようでした。

ドライヤーを前から、そして、下から生え際の髪を立たせるように風を当てることによって、髪が後ろに流れ、フェイスラインがむき出しになる。額が角ばっていて、おまけに人一倍ハチが張っている私は、それらが互いに強調し合って、顔が四角く見える。結果、顔が大きく見え、全体のバランスが悪く見えることにつながるのだ、と……。

確かに、髪に立ち上がりを作るためには、前から、下から風を当てるのが正解。でも私の場合、それでは、欠点を強調するばかり。前髪は後ろから、上から風を当てて、フェイスラインに沿わせるように乾かすこと。すると、髪が四角い額の角をそぎ落として三角に見え、顔が小さく見える……。

「髪の乾かし方によって、フェイスラインもシルエットも変えられるのよ」と美香さん。ドライヤーで顔の形も頭の形も思い通りにデザインできる、そう言われた気がしました。

以来、髪を乾かす＝顔と頭の形をデザインする、と意識を変えました。顔や頭を乾かす段階でデザインしておけば、立ち上がりもウェーブも決まりやすいと知ったのです。

5 印象を決めるのは、「カチューシャゾーン」。

ヘア スタイリストの左右田実樹さんに取材をしたときのこと。

「額から襟足までの髪と肌の境目、つまり『カチューシャゾーン』が、じつは印象を決める最重要ポイント。この部分が整っているだけで、全体が整っているように見えるんです」

カチューシャゾーンという言葉の新鮮さにはっとさせられ、同時に納得させられました。そう、最近になって特にここから「老け」がやってくるのを実感していたから。

私の場合、ひとつにぎゅっとまとめることも多いからか、年齢を重ねるほどに、生え際の髪、特に前髪が切れ毛になり、伸びが悪いこと。それらがあちこちに向いてまとまらず、乱れ＝疲れに見えること。特に、ノーメイクのときは、5歳も10歳も老けて見えること……。

以来、カチューシャゾーンをより意識するようになりました。ドライヤーの風を当てるときから、フェイスラインに沿うように注意深く。メイクをしている間、ピンで生え際の髪を押さえておいたり、毛先につけて手に残ったヘアクリームやヘアオイルをなでつけたり。洗髪時にヘアマスクの残りをなじませるだけでも、まとまりが生まれます。ほんの少しの心がけで、髪が整って見えるのです。

そういえば以前、取材をした女性が、「髪を乾かすときには、まず、フェイスラインから」と言っていたことを思い出しました。髪の生え際は放っておくと知らぬ間に乾いて、そのまま形状記憶してしまうもの。だから、いちばんに乾かして形を作ってしまうべき、と……。

カチューシャゾーンは、髪、顔、いやその人の印象までも決める、そう心得て。

6 まつ毛は塗るなら上げない、上げるなら塗らない。

つけまつ毛も、まつ毛エクステも。目を強調して顔の印象を強めようとすると、大人はトゥーマッチに見えて、かえって年齢のサインを目立たせるケースがあること、誰もが気づき始めているのではないでしょうか？

まずは、「目の印象が弱まる＝疲れて見える＝老けて見える」という思い込みを捨てることから始めたいと思うのです。

まつ毛にマスカラを塗るなら、ビューラーを使わない、ビューラーを使うなら、マスカラを塗らない。その前提でメイクを完成させると、大人のナチュラルが作りやすいはずです。

7
アイラインかマスカラか、どちらかでいい。

同様に、アイラインかマスカラか、どちらかにすることで、新しい顔が見えてくることがあります。私の場合はそうでした。

まつ毛一本一本の間を埋めるように丁寧にアイラインを入れると、「あれっ、まつ毛が濃くなった？」と見えます。まつ毛一本一本の根元を太くするように丁寧にマスカラを塗ると、「あれっ、目の輪郭がはっきりした？」と見えます。

どちらかに力を込めれば、一方をそぎ落とせる、すると、目元がシンプルに決まる、もっとナチュラルに見える……、大人の「居心地のいい綺麗」はちょっとした計算が作ると知りました。

8 眉の「山」は低く、低く、もっと低く。

眉の形は生まれ持ってのもので一生続くと無意識のうちにそう思っていました。つい、最近まで。ところが、上まぶたがたるむと、額の筋肉でまぶたを持ち上げようとする。老眼で見づらいと、眉間に力が入り、眉頭が下がる。顔全体がたるむと、目尻が下がり、眉尻も下がる。結果、年齢とともに、眉山が高くなって、眉の形が「への字」になっていることに気づいたのです。

だから、眉山を強調しないこと。できるだけへの字を「一の字」に近づけるよう色を少しずつ補って、まっすぐに。そう意識すると、生き生きとして、優しく穏やかな顔になるはずです。

9

眉尻も目尻も口尻も、「上げる」より「下げない」。

ヘア&メイクアップ　アーティストの佐々木貞江さんに取材をしたときにそう言われ、納得しました。

確かに。顔の中にある3つの「尻」は、体のそれ同様、年齢とともに下がる。だからつい、上に上にと意識がいきます。するとアイブロウ、アイライン、リップラインで、逆らうように上方向の線を描きがち。でも、作った線と実際の下がった線とのギャップがかえって老けを目立たせるのです。

「上げる」より「下げない」。それは、下がったラインに寄り添いながら、ゴールを10%程度上に。下げない意識が、自然な顔を演出します。

10 目も唇も、綿棒で「ちょっとオフ」が清潔感を生む。

撮影時、メイクアップ　アーティストの人たちがよく使う「綿棒」。目頭や目尻、下まぶたにアイメイクが落ちて滲《にじ》んだら、優しくオフ。口紅が輪郭からはみ出したり、口角に溜まったりしたら、綺麗に整える。綿棒で繊細に調整すると、それだけで途端に全体の清潔感が増し、雰囲気がぱっと華やぐ。顔が洗練されるのです。

大人になると、目も唇も輪郭が曖昧《あいまい》になるために、アイメイクやリップメイクのほんの少しの乱れがぼやけた印象を助長し、疲れや老けの印象につながります。だから朝のメイク後に、メイク直し時に、綿棒でささっと。大人には必須です。

11 唇の「真ん中だけツヤ」で、立体唇、立体顔。

プロフィール写真を撮影してもらったときの話。担当してくれたヘア&メイクアップ　アーティストの女性が、いざ撮影となってから、仕上げに上下唇の中央部分にだけ透明のグロスをオン。聞くと、「唇の中央部にツヤを足すだけで、ぷっくりと立体的に。唇だけじゃなくて、顔全体の中央部分が高く見えて、顔立ちまで立体的に見えるんです」とのこと。

朝のメイク仕上げはもちろん、メイク直しのときにも使えるテクニック。グロスがなければリップクリームで代用も可。鏡で見るよりも、写真で見たときのほうが効果大なので、ＳＮＳ撮影のときはぜひ！

12 立体顔ポイント、目頭の丸い凹みに、光を仕込む。

以前、ある女性メイクアップ　アーティストが仕上げに両目頭のきゅっと引っ込んだ部分に小指でハイライトをオン。すると、両目の距離が縮まり、鼻が高く、立体的に見える。これだけ？　驚くほどの手軽さなのに、肉眼でわかる差。思った以上に求心的な顔に見えたのです。

Tゾーンや頬の頂点にのせたハイライトを小指の先に取り、ちょんっ、ちょんっと両目頭の凹みにのせるだけ。パウダーでもクリームでも、パールを含んだベージュやゴールドのアイシャドウでも可。広げすぎると不自然になるのであくまで控えめに、が大人向き。

13
Cゾーンのハイライト、その残りは鼻根中央に。

あるヘア&メイクアップ　アーティストの男性に教えてもらったテクニックです。

こめかみから頬のトップにかけてのCゾーンにハイライトを入れたら、ブラシや指に残ったものを鼻根中央にのせるだけ。すると、鼻筋に額と鼻とを分けるポイントが生まれ、「角度」があるように見える。すなわち、立体的な顔に見えるのです。しかも、顔の中心が光を放つことによって、顔全体がぱっと明るい印象にも見えるよう。

ブラシや指にもう一度ハイライトを取ると、つけすぎになって、悪目立ちする場合も。あくまで残ったものをさらりとのせるほうが上品に仕上がると思います。

14 メイクより先に、ヘアスタイリング。

美容業界の人たちが皆憧れているトータル　ビューティ　アドバイザー、鈴木ハル子さんはいつも、スキンケア、メイクより先にヘアを完成させるのだそうです。それまで私の常識はスキンケア、メイクが先、ヘアがあと。聞くと、まわりの女性たちも私と同じ。正直、驚きました。「ヘアスタイル＝『額縁』。額縁が最高の状態に整うと『絵』が最高の状態になるから」がその理由でした。

真似をしてみました。髪をシンプルなストレートにしたら、赤の口紅がシャープになる、髪をナチュラルなウェーブにしたら、アイシャドウのグラデーションも柔らかく見える。ヘアを先に整えると、メイクがより楽しくなりました。

15 肌も髪も、完璧すぎたら濡らしてみよう。

ある撮影でのこと。シャッターを切ってみたら、モニターに映った顔は、肉眼で見るそれよりも、ずっと肌が白く厚く見える。透け感があまりありませんでした。光との相性？　と思う間もなく、メイクアップ　アーティストの女性がミストを顔にしゅっ。「ファンデを塗ってから数時間経って、汗と皮脂がほどよくブレンドされたくらいにしたいと思ったの」

じつは、髪の巻きが強すぎたときにも、ヘア　スタイリストはよく、湿らせた手で巻きに手ぐしを入れて調整しています。完璧すぎたら、恐れないで濡らしてみる、大人を自然に見せるテクニックと言えそうです。

16 ファンデーションはフェイドアウト塗り。

「均一な肌」が美しさの条件だからでしょうか、それとも、肌を隠したいという願望が強いからなのでしょうか。もともと几帳面かつ、器用であることも、その要因かもしれません。

私たち日本人女性は、ファンデーションを顔全体に均一に塗ることが正解と思い込んでいる傾向があります。生え際から顎の裏まで、塗りもれのないように、しかもすみずみまで同じ色、厚さで。

でも、ヘア&メイクアップ　アーティストの人たちの仕事ぶりを見ていると、それが思い込みであることに気づかされます。

彼らは多くの場合、「フェイドアウト塗り」をしています。

鼻を中心に目と唇を結んだ小さな円を、中心部から外側にかけてファンデーションを塗り、それよりも外側は、残りをのばして、自然にフェイドアウトさせるように塗っているのです。

すると、ファンデーションの効果で顔の中心が明るく艶やかに、外側に行くにしたがって次第に素肌が透けて自然になじむ……。塗るだけで中心から外側に向かってグラデーションが生まれるので、顔が立体的に見えるのだと言います。

また、そのグラデーションによってフェイスラインがシェイプして見えるので、小顔に見せる効果もあるようです。

そもそも私たちは、相手と対面するとき、顔の中心部に視線を集中させるもの。意外と顔の外側には意識が向いていません。また、外側が素肌に近いと、首やデコルテの肌とのコントラストもつきづらい。大人の肌を自然に見せるコツと言えそうです。

17 眉はアイテムをたくさん使うほど、自然になる。

ある化粧品ブランドPRの女性の「ほかの部位は重ねるほどに濃くなるけれど、眉だけはアイテムをたくさん使うほどより自然になる」という言葉に納得させられました。万能なペンシル、毛を描き足せるリキッド、グラデーションを作れるパウダー、ボリュームを出したり印象をソフトにしたりするマスカラ、毛を梳《と》かすブラシやコーム……。

「私はペンシル派」などと、自分に合うのはこれと決めがちですが、じつは、いくつかのアイテムを使うほうが、毛一本一本に表情が生まれたり、立体感が生まれたり。まずは、組み合わせることから。自称「眉下手」ほど、差に驚くはず。

18
鼻筋のハイライトはちょっと短めに。

鼻筋にハイライトを入れると、文字通り鼻筋が通って、鼻が高く見え、立体感が際立つ。結果、パーツが求心的に見えたり、輪郭が引き締まって見えたりして、すっきりした顔立ちに。いつもよりメイク感を強めたいときに取り入れています。

ところが、ある女性ヘア&メイクアップ　アーティストが私の顔を見るなり「ちょっと、長すぎるかな？」。えっ、どういうこと？　「鼻先までハイライトをのばすと鼻が長く見えて、かえって間延びした印象になるの。鼻根と鼻先の間くらいでフェイドアウトさせるのが、ベストバランス」

以来、鼻筋ハイライトは、ちょっと短めに。

19 アイシャドウとアイブロウ、同じ色を忍ばせる。

仕事仲間とともにアイシャドウの新製品発表会へ。専属のメイクアップ アーティストがタッチアップしてくれるとのこと。少し明るめの瞳に合わせて、赤みを含んだスモーキィブラウンをまぶたに。さあ完成！ と思ったら、今度は同じ色をアイブロウブラシにとって眉にオン。

「アイシャドウとアイブロウに同じ色を使うと一体感が生まれるんです」という言葉通り、確かに、眉と目の距離が縮まり、彫りが深く見える。実際試すと、メイク感は減るのにメイク効果は増すという仕上がりに感動しました。

赤口紅を使いたいときには特に、目元に同じ色を忍ばせるとうまくいくみたい。

20
ヘアスプレーで、眉の立体感を「形状記憶」。

ある女性メイクアップ　アーティストにメイクをしてもらったときのこと。

あとは口紅だけ、という段階になって、眉用のスクリューブラシにセット用のヘアスプレーをしゅっ。眉頭から3分の1の毛は眉頭に向かって毛流れに逆らうように、残りの毛は眉尻に向かって毛流れに沿うように、スクリューブラシでコーミング。すると、いきなり眉が立体的になって、顔全体の印象が凜としたように見えました。

ちなみに、「眉マスカラよりも繊細な毛流れが作れるから、私はセット用ヘアスプレーを使っています」とのこと。すぐに顔の印象が変わる、簡単なテクニック。

21 新しい口紅は「10の表情」を持つものを。

職業柄、数多《あまた》の口紅に触れる機会に恵まれる私が、ずっと長くつき合う一本の共通点は、「10の表情」を持っていること。

直塗り？ 指塗り？ ブラシ塗り？ とんとん塗りか、すーっと塗りか、ぐりぐり塗りか。リップクリームをベースにしたらどうか、グロスを重ねたらどうか、さらっとティッシュオフしたらどうか、もう一度塗ったらどうか……。試してみると気づくと思います。10本の口紅を手に入れたかのような表情が生まれる口紅は、顔を垢抜けさせるってことに。

服によって、気分によって、シーンによって使い分けたら、もっと楽しいはず。

22 アイシャドウも口紅も指塗りなら、自然に。

アイシャドウも口紅も、ブラシで塗ると均一に、指で塗ると不均一になります。もちろん、メイクを綺麗に仕上げたいときには、ブラシ使いがおすすめ。ただ、私の日常は、指塗りのことが多いのです。それはメイクしたての顔と、時間が経ってからの顔との差が生まれにくい、つまりは、自然な顔を最初から作れるから。

アイシャドウも口紅も、指塗りだとそのものずばりの色から3割減、5割減のつき方が叶うので、少しずつ少しずつ、いい塩梅に調整することが可能なのです。洋服を自分なりに着崩すように、指塗りメイクを楽しんで。

23 大人が色を楽しむならアイライナーかマスカラで。

大人がアイシャドウで「色」に挑戦するのは難しいもの。色が「面」で目に飛び込んでくると「メイクの濃い人」という印象になりかねないから。とはいえ、ブラウンやグレーなど無難色ばかりでは、疲れ印象や老け印象につながることもあると、気づいているはずです。

そこで、提案。アイライナーかマスカラで色を取り入れること。「線」や「点」としての色は、ふと目を伏せたとき、振り向いたとき、微笑んだときに、色のオーラとして漂うよう……。バーガンディやネイビー、カーキ、グリーンは大人をエレガントに見せてくれるので、挑戦しやすいはずです。

24 後れ毛は、あとから作ると「手遅れ」になる。

無造作スタイルに憧れて、髪をざっくりとひとつにまとめてから、顔まわりの後れ毛を引っ張り出していました。ところが、出かけた先で鏡を見ると、「えっ、疲れてる？」。そこには、「ほどよく力の抜けた」ではなく、「髪をふり乱した」印象の顔がありました。

ヘア　スタイリストの男性に話すと？「後れ毛はあとから作ると、もう手遅れ」。ブローをして、スタイリング剤をつけてから、後れ毛を作りながらまとめるのが無造作スタイルを成功させるコツ。まとまらないから無造作に逃げるというのは、大人には通用しないというのです。髪を下ろすときより気合を入れて。

25 指アイロンで毛穴のばし、シワのばし。

特に、肌の調子があまりよくないとき、いつもの通りにメイクをしたつもりが、なんだか浮いている。もしかして、メイクをしないほうがましだった……!?

年齢を重ねるほどに、メイクの仕上がりがままならず、溜め息をつくことが増えてきました。

そんな私が、最近になって、新たに取り入れたステップ。それが「手アイロン」と「指アイロン」です。

まず、下地、リキッドファンデーションを塗ったあと、スポンジで余分をオフしながらなじませ、必要に応じて、コンシーラーやパウダーで整えます。そして、両手のひらで顔全体を覆うようにして、手アイロン。両頬や額、こめかみ、顎やフェイスラインなど、体温と皮脂を利用してファンデーションを肌と密着させ、一体化させます。

さらに、メイクを施して、出かける前に、指アイロン。両手の人差し指、中指、薬指を使って、まずは目の下から口角にかけて、毛穴が目立ちがちな逆トライアングルゾーンを優しくプッシュ。そのあと、頬をふくらませるようにして、両方のほうれい線を3本指でプッシュ。最後に目尻のシワにも3本指でアイロンを。すると、毛穴がのび、シワがのび、ファンデーションが肌とより一体化して、より素肌っぽく仕上がります。

じつは私、化粧品を使わないで、この方法で化粧直しをすることがほとんど。この方法なら、皮脂崩れも乾燥崩れも適度に整い、居心地のいい顔になります。無理やり何かを重ねてごまかそうとするより、むしろ、自然に仕上がるので、大人向きだと思います。

26 まとめ髪は、できるだけ上を向いて。

シャープな印象にしたい、清潔感を演出したいと「意志を持って」のときもあれば、どうにもまとまらないからと「やむを得ず」のこともあり。いずれにせよ、髪をタイトにまとめることも多い私。撮影だったその日もたまたまそうでした。するとと、あるヘア　スタイリストの女性が「髪をまとめるときに、下を向いてるでしょう?」とひと言。

ゴムで結んだ位置から下、襟足までの髪がぼわんと緩んで、横から見たときの印象がだらしなくなっているというのです。「できる限り上を向いて結ぶと、ゴムから襟足までがタイトになってすっきり。小顔に見えますよ」

chapter ② 自分の見方を変える。

27 甘やかす鏡と戒める鏡と、ふたつの鏡で観察する。

女性は誰しも、すべての鏡が本当のことを語っているわけではないということを、よく知っていると思います。

家の洗面台の鏡で見た顔に、「今日はいい感じ」と思って出かけたはずなのに、出先の化粧室の鏡で見た顔には、「これじゃ人に会えない」と愕然とする。ショップで試着したときは、「似合う」と思って購入したのに、帰って姿見に映してみたら、「太って見える」とショックを受ける……、といった具合に。

自分をよく見せる「甘やかす鏡」と現実の姿を見せる「戒める鏡」の両方があると思うのです。

我が家の場合。仕事部屋に置いてあるのは、甘やかす鏡、玄関に置いてあるのは、戒める鏡。光の量と角度の関係で、前者は肌を実際より明るく見せ、後者は顔の陰を強調します。

そのふたつの間を行ったり来たりして、ファッションやメイクアップを仕上げるうちに、自分が整うのを感じるようになってきました。最近になって、大人にはどちらも必要な存在だと気づかされたのです。

メイクアップは、甘やかす鏡で。「今日の顔、好き」と思うと「隠したい」気持ちを最小限に抑えることができ、メイクアップの仕上がりが軽やかになります。全身の調整は、戒める鏡で。引きの目線で見て、着方やヘア、メイクを調整することで、疲れて見える、老けて見える要素を最大限、取り除くことができます。

ちなみに、ヘアサロンやブティックの鏡はきっと甘やかす鏡。そんなときは、存分にその効果を享受して、いい意味で「調子に乗る」ことも必要だと思います。大人の高揚感は、それだけで、肌や表情を明るく見せるから。

28 胸からウエストにかけて気づかない「脇肌」の老け。

以前、大人向けの女性誌で、ハリウッドセレブやトップモデルなどの写真をヒントに、ファッションやメイクアップ、ヘアスタイルのトレンド、そこから性格や生き方までも分析して、美しさのヒントを探るという連載ページを担当していたことがあります。

その号は、アカデミー賞のレッドカーペットに選ぶ「ドレス」がテーマ。へーっ、今年はこの色がトレンドなんだ。ふーん、この人って意外と背が低いんだ。仕事であることをときに忘れながら、パソコンの検索に没頭していると……？

美しいことでつとに有名なある女優の写真に、目が釘づけになりました。背中が大きく開いたホルターネックのドレスから覗いた、胸からウエストにかけての脇下部分。皮膚がたるみ、波打っているよう。目元はぴんっ、フェイスラインはきゅっ。胸元も腕も背中も滑らかで艶っぽい。だからこそ余計に、その「ギャップ」に驚かされたのです。誰より意識が高いはずなのに、無意識だったパーツ……。

気づかされました。この部分は、ボディケアの「忘れ物」。バストやウエストの仲間にも入れてもらえない、背中の仲間にも入れてもらえない、じつはあまり触れられていない部分なのかもしれない、と。

慌てて、触れてみると……？　表面のたるみはもちろんのこと、意外と凝りが溜まっていることにも気づきました。ボディケアもマッサージもストレッチも、じつは届いていていないいない。忘れ物をほったらかしにしていると、どんどん老けるのだと痛感させられました。

見えないところから、意識をしたい、そう思う日々です。

29 ファンデーションを「歯の染色液」のように。

ファンデーションの進化は目覚ましく、今や「肌に悪くない」どころか、「肌にいい」ファンデーションへと大きくシフトしました。特に、クリームやリキッドタイプは、テクスチャーも効果も、高級クリームや高級乳液を肌色で染めたようなクオリティのものが充実しています。

あまりの心地よさに、あるとき、ふと気が向いて、まるでラグジュアリーなナイトクリームを塗るように、官能的なテクスチャーを感じながら、鏡を見ずに、ファンデーションを顔全体にのばしてみました。額、両頬、鼻先、顎先と「5点置き」をして、手のひら全体で覆うように優しく、細かい凹凸までもれのないように丁寧に。

自分では完璧に塗れたつもりでいました。でも、実際、鏡を見ると……？　あれっ？　たくさんの塗りむらがあるみたい。生え際、こめかみ、目のまわり、小鼻、口角、唇の下、耳の前、フェイスライン……、思いのほか、塗れていない箇所が多かったのです。

美容液や乳液、クリームなど、手でのばすスキンケアは、もしかしたら、想像以上に塗りもれがあるのではないか、そう思いました。スキンケアは、塗ったそばから肌になじむため、塗れていない箇所がわからないことも多い。手の動きが習慣化しているほど、きっと同じ箇所が塗れていないに違いないのです。

まるで、歯の磨き残し部分をピンクに染めて教えてくれる染色液のように。ときどき、ファンデーションをスキンケア塗りして、塗りもれの癖を知っておくべきだと思います。それがわかれば、そのうち手の動きが変わり、肌全体が格上げされるから。

30 顎の裏、耳の裏、首の裏。シミもシワも「裏」から。

ちょうど40歳を迎えたばかりのころでしょうか?

「美容の母」として、愛ある美容論で人気の美容ジャーナリスト、吉田昌佐美さんに、美白についてインタビューをしたときのこと。化粧品の選び方や使い方から、気をつけるべき日常の生活習慣まで、明るい肌を保つコツをいろいろと教えてもらう企画でした。

「顎の裏って、意外と、シミがたくさんあるものなの。一度、見てみて」

アスファルトなどの照り返しで、思いのほか、紫外線のダメージを受けやすい部位であること。UVケアや美白ケアなど、化粧品を塗っているつもりになっているけれど、じつは塗れていないケースが多いこと。一方で、正面鏡では見えづらいので、自分では見えていない場合が多いこと。

結果、気づかないうちに、日焼けやシミのトラブルが生じていること……。

早速、家に帰って、合わせ鏡で自分の顎の裏を観察してみました。すると、びっくり。案の定、肌色がくすみ、シミが点々と。あれっ、肌全体がゆるみ、萎《しぼ》んでるような気も……？

気づかないって、怖い。そう思いました。

この「気づき」をまわりに話したところ、ある人にこう言われました。

「顎の裏だけじゃないの。耳の裏も、首の裏も。もしかしたら、老けは裏からやってくるのかも、ね」

以来、顎の裏、耳の裏、首の裏、すべて見えている「表」の顔同様に、気を使うようになりました。とはいえ、特別なことでなくていい。表と同じ量の化粧品をきちんとなじませるだけでいい……。

31 眉マッサージで「感情疲れ」をほぐす。

ある雑誌の取材で「眉」について考察する機会をもらったときに、気づきました。眉は、時代のムードや理想の女性像を反映しているパーツであると同時に、人の感情を表す部分でもあるってこと。「眉を吊り上げる」「眉を曇らす」「眉をひそめる」「眉を開く」「眉を読む」……。その証拠に、眉を含む慣用句には、感情を示すものが多いのです。

一日の終わりに眉に触れるとわかります。疲れた日ほど眉は固まり、張りや凝りを感じるはずなのです。だから、眉間からこめかみまで、眉を中心にマッサージ。一日の感情疲れがほぐれ、表情が緩む。スキンケアの効きもよくなります。

32
こめかみの肌から幸せ感や色気が溢れ出す。

「こめかみマニア」の私。

その理由は、こうです。私たちは結構、まわりの人の横顔を見ているもの。そのとき、こめかみを意外と目にしていること。透明感のあるこめかみの肌に、笑みが浮かぶと、目尻に綺麗なシワが入る、その「表情」がとても幸せそうに、そして色っぽく見える……。

それなのに、こめかみは、なぜかないがしろにされていて、ごわついていたりざらついていたり、くすんでいたり緩んでいたり。だからほかの肌同様に、そして目元の一部として、ケアしてほしいのです。

33 不意に撮られた写真を観察し、分析する。

洗面台に備え付けの三面鏡を前にショックを受けたことを思い出します。メイクもヘアも仕上げ、服も着替え、さあ出かけようと横顔に目をやると……。えっ、私？　正面から見ていた自分の顔とは、5歳も10歳も印象が違う。

気づかされました。正面顔は「意識」の顔、横顔は「無意識」の顔。腹筋に力を入れたウエストと力を抜いたそれとでは、見た目印象がまるで違うように、雲泥の差があるのだって。

不意に撮られた写真をよく観察し、分析してほしいのです。まわりが見ている自分の顔を知るだけで顔の筋肉に力が入るはずだから。

34 頭？ 顔？ ほったらかしの生え際は、老化の始まり。

クレンジングや洗顔をするときもスキンケアをするときも、髪につきそうだからと、生え際を避けていませんか？　一方で、シャンプーをするとき、頭皮ケアをするとき、顔につかないようにと気を使うこともあると思います。

じつは生え際の肌、意外にも、顔の仲間にも頭の仲間にも入れてもらえず、ほったらかしになっている場合が多いと聞きます。その結果、筋肉が凝り固まっていたり、肌が分厚くなっていたり。

顔と頭の「つなぎ目」のクオリティは、どちらの若々しさにも大きく関わっていること、今一度、意識したいと思います。

35 手鏡よりも姿見を味方につける。

手鏡との距離は、10cm。姿見との距離は、1m。私たちが「誰か」と接するのは、多くの場合、1m以上離れているはずです。だから、手鏡よりも、姿見を味方につけてほしいのです。

メイクの印象はどう？ メイクとヘアの相性はどう？ 服は？ ジュエリーは？ 靴は？ と全身のバランスを観察してほしいのです。

10cmの距離で見える、毛穴やシミは、1mの距離では見えないと気づく。他人の目で見た印象を知ったうえで美容をすると、もっと大らかで、もっと伸びやかでいられるはずです。そう、手鏡は自分の目、姿見は他人の目……。

36
眉まわりにもアイケアしなくちゃ。

生え際同様、眉まわりもほったらかしにされている場合が多いと聞いていました。確かに。特に仲間外れにしているつもりはないけれど、それはすなわち、無意識だったということ。ところが、先日、ある化粧品の発表会で、どきりとさせられました。「眉の肌から、目元のたるみは始まっています」。目のまわりを囲む眼輪筋など筋肉の衰えが上まぶたはもちろん、眉の上下、眉間、眉尻、そしてこめかみまで影響している……。

目のまわり360度アイケアするように、眉のまわり360度もアイケアすること。目元の立体感を保つコツです。

37 眉位置の変化が「老け印象」を生んでいる!?

「自分でできる大人の化粧教室」を主宰する、Sayの浅香純子さんに取材をしたとき、こんな話を耳にしました。

「目尻も口角もフェイスラインも、年齢とともに顔が全体的に『下がる』というのは、誰もが自覚しているはずです。ただ、顔の中でたったひとつだけ『上がる』パーツがあるんです。それが、眉」

眉の位置の変化が、すなわち老け印象を生むのだとはっとさせられたのです。

浅香さんにそう聞いてから、鏡で自分の顔を観察してみると、確かに眉だけが上がっていました。私同様、その事実に気づいていない人は、多いのではないでしょうか？　たとえ、美容に対する意識が高い人でも。

以来、私は、眉の位置を下げて見せるメイクの工夫はもちろんですが、同時に、眉まわりにもエイジングケアが必要なのだと改めて気づかされました。

そして、始めたのが、目まわりに続けて行う、眉まわりケア。

まず、目まわり360度。目元用の美容液やクリームを使い、目頭から目尻にかけて、下まぶたをケアします。目頭から目尻にかけて、上まぶたをケア。こめかみ部分も生え際までしっかり、両目の間の目頭のくぼみも鼻根部も忘れずに行います。

そのあと、眉まわり360度。眉を目に見立て、同じ美容液やクリームを使い、眉頭から眉尻にかけて、上まぶたをケアします。眉頭から眉尻にかけて、眉の上、つまり額をケア。こめかみ、眉間も同様に行います。

実際、続けてみると、肌のみならず、目全体の緊張が緩み、想像以上の効果を実感しています。さあ、今日から眉は「第二の目」としてケア！

38 スマートフォンに映る顔が、見られている顔。

最近、新しいスマートフォンに替えたのを機に、液晶画面に鏡面フィルムを貼りました。メールを送ろうと覗き込んで、そこに映った顔を見て、びっくり。えっ、私って、こんなにたるんでるの？

下を向いた顔は、重力に負けて、5歳も10歳も老けて見える。ああ、私は近い将来、こんな顔になるんだ……！　親しい友人に自嘲気味にそう話したら、「いやいや、将来じゃない、『今』の顔だよ」。

電車でも、デスクでも、いつでもどこでも。まわりは、スマートフォンを覗き込んでいる顔を見ているもの。だから、下を向いてたるんでいる顔をその人の顔として認識している……。自分が思うより、じつは老けて見られているのだと彼女は言ったのです。

意識してまわりを観察してみて、それが真実だと確信しました。顔たるみが3割増しに見える気がしたのです。

ふと思い出しました。以前、たるみのテーマで取材をしたときに聞いた、歯科医師・ホワイトホワイト院長、石井さとこ先生の言葉……。

「下を向くと舌が下がる、呼吸が浅くなる、リンパや血液の流れが悪くなる、内臓の動きが悪くなる、唾液も出なくなる。結果、たるみやすくなるんです。電車の中でも、デスクの前でも、意識して前や上を見ること！」

ちょっとした意識の積み重ねが大きな差になると石井先生は言いました。そして、「何より俯いていると、考え方がネガティブになり、心もたるみます」とも。

できる限り、下向きの時間を減らさなくちゃ。顔も上向き、心も上向き、意識して意識して……。

39 ヘアスプレーはまずコームにしゅっ。

髪の根元を立ち上げたいとき、生え際の髪を整えたいとき、髪の癖や膨らみを抑えたいとき、前髪や毛先に流れを作りたいとき……。ヘアスプレーを愛用している人も多いはず。多くの場合、髪に直接スプレーを吹きかけているのではないでしょうか？　私も、そうでした。

でも、撮影のときに観察していると、ヘア　スタイリストの方々は、コームにまずスプレーをしゅっと吹きかけてから、それをなでつけるようにして髪に塗布。こうすることで、繊細にコントロールできるのです。固めすぎたり、べたついたりという失敗が防げるはずです。

chapter ③

見た目印象を変える。

40 一連パールの「3粒」が小顔の決め手。

スタイリストの池田奈加子さんは、私の憧れの存在。会話をするたび、いつも、大人の女性を美しくする「言葉のシャワー」で包み込み、はっとさせてくれたり、ほっとさせてくれたり。ことあるごとに、刺激を受けている女性です。

撮影中、パールのネックレスについて話していたとき。

「一連のパールは、年齢を超える『定番』だと言われるでしょう？　でも、ね。年齢によって、綺麗に見せる『長さ』は違うと思うの」

若い女性なら、チョーカーっぽくつけると、清楚でとても素敵に映る。

でも、大人の女性が、同様につけると、「首が詰まって見える」のだと言います。

フェイスラインがもたついたり、首に横ジワができたり、首が筋っぽくなったりしているから、短いパールは「無理につけている」ように見えて、少しバランスが悪い印象になるのだ、と。

そこで、大人はほんの少し、3粒程度長くすること。それだけで、鎖骨に添い、首が細く長く、すっきりと見えるというのです。

実際、試してみて、その違いに驚きました。

ほんの少しの余裕があるパールネックレスは、小顔にも見せてくれるみたい。たった3粒の差で、断然エレガントに見えるような気がしました。

以来、パールのみならず、ネックレスをつけるときも首が詰まった見え方にならないよう、気をつけています。

同じアイテムでも、着方やつけ方によって見た目にこんなにも差が生まれるなんて！　それを知って、年齢を重ねて変わる自分を嘆くのでなく、楽しみたい、そう思うようになりました。

41 出かける直前に、頭皮マッサージ。

職業柄、幸運にも、ヘアスタイリストや、メイクアップアーティストの方々に、実際、スタイリングしてもらったりメイクアップしてもらったりする機会に恵まれます。ことあるごとに取材を通して、プロのテクニックに触れているにもかかわらず、毎回毎回、新たな発見があり、わくわくさせられます。

その日もそうでした。ヘア&メイクアップ　アーティストの男性が、メイクアップが終わり、ヘアスタイリングが終わり、洋服も着替え終わった、最後の最後に、頭皮全体を持ち上げるように軽くマッサージをしたのです。えっ、このタイミングで、なぜ……？

郵便はがき

料金受取人払郵便

小石川局承認

1003

差出有効期間
令和３年８月
1日まで

112-8731

東京都文京区音羽二丁目
十二番二十一号

講談社
第一事業局

生活文化 行

愛読者カード

今後の出版企画の参考にいたしたく存じます。ご記入のうえご投函くださいますようお願いいたします（令和３年８月１日までは切手不要です）。

ご住所 〒□□□-□□□□

お名前
（ふりがな）

生年月日（西暦）

電話番号

性別　1 男性　2 女性

メールアドレス

今後、講談社から各種ご案内やアンケートのお願いをお送りしてもよろしいでしょうか。ご承諾いただける方は、下の□の中に○をご記入ください。

□ 講談社からの案内を受け取ることを承諾します

TY 000074-1906

本のタイトルを
お書きください

a　**本書をどこでお知りになりましたか。**

1 新聞広告（朝、読、毎、日経、産経、他） 2 書店で実物を見て
3 雑誌（雑誌名　　　　　　　　　　　　） 4 人にすすめられて
5 DM　6 その他（　　　　　　　　　　　　　　　　）

b　**ほぼ毎号読んでいる雑誌をお教えください。いくつでも。**

c　**ほぼ毎日読んでいる新聞をお教えください。いくつでも。**

1 朝日　2 読売　3 毎日　4 日経　5 産経
6 その他（新聞名　　　　　　　　　　　　　　　　）

d　**値段について。**

1 適当だ　2 高い　3 安い　4 希望定価（　　　　　円くらい）

e　**最近お読みになった本をお教えください。**

f　**この本についてお気づきの点、ご感想などをお教えください。**

その理由は、鏡を見て、すぐにわかりました。

硬くなった頭皮が柔らかくなり、毛穴がきゅっと引き締まるからか、頭頂部や生え際の髪の根元が自然に立ち上がってる。明らかに、頭皮マッサージ以前と以後では、頭の形がまったく違うように見えるから、不思議。

それは、頭皮の「姿勢」を正しく整える「頭皮整体」と呼びたいくらいの効果なのです。

頭皮マッサージは、頭皮や髪を健やかにするため、そう思っていたけれど、ヘアスタイリングの役割も果たすなんて！　以来、私は、髪を仕上げる前に、髪を仕上げたあとに、そして、出かける直前にも、頭皮マッサージを行っています。出先でも、鏡を見るたび、頭皮をマッサージして、頭皮整体。最近では、それがすっかり習慣になりました。

こまめに頭皮マッサージを行うと、眼精疲労や肩凝りも楽になるのを感じて、一石二鳥。根元のハリやコシが弱まったと感じている人ほど、試す価値あり。

42 身近な人が、いちばんのスタイリスト。

仕事柄、私のまわりには、とびきりお洒落な人たちがたくさんいて、彼女たちに触れるたび、日々、刺激を受けています。

彼女たちは、ファッションに対しても美容に対しても、知識が豊富で、センスも抜群。つねにアンテナを張り巡らせて情報を捉え、高い美意識と審美眼でものを選び、「今」を纏っている……。私にとって、彼女たちは、何をどう着て、どうメイクアップするかのよきアドバイザーです。

ただ、それればかりに気を取られていると、「トレンド」や「最新」に翻弄されて、「自分」という存在が置いてきぼりになることがある気もします。確かに、それは今っぽい。でも、果たして、私に似合ってるのか……？　客観的な視点を見失いがちだと思うのです。

その点、ファッションやメイクの「今」をあまり意識していない家族や友人のほうが、それが私らしいかそうでないかをよく知っている。判断の基準は、肌映りがいいかどうか、全身のバランスがよく見えるかどうか、シーンに合っているかどうか、派手すぎたり地味すぎたりしないか、そして、何より、だらしなくないか……。

つまりは、それが流行りかどうかではなく、「清潔感」と「品のよさ」と「常識」があるかどうか。そのうえで、アドバイスしてくれる気がするのです。

だから、出かける前に「今日、どう？」とひと声かけてほしいのです。よく会う友人の言葉に耳を傾けてほしいのです。

本当の意味で大人を美しい大人に育てるのはきっと、もっとも身近にいるスタイリストだから。

43 トップスは肌映えのいい色、素材。

好きだったコットン100%の白シャツがまったく似合わないと感じたとき。どこかちぐはぐだったシルク混の紺ジャケットがぴたりとはまったとき。

年齢とともに似合う服が変わるのを「体型」だけのせいにしがちですが、じつは、肌との相性にも深く関係しています。職業柄、「今日の肌色」を意識しているつもりですが、その見え方はトップスによってまるで違うのです。

似合うか否かを判断するとき、形やサイズに加えて肌が映えるかどうかを観察してほしい。明るく見える色、綺麗に見える素材。これもまた、引いた目線が正解を教えてくれます。

44
「いつも同じ」は自分らしさが確立している証。

大人の着こなしについての取材をしたときのこと。スタイリストの女性の言葉に目から鱗《うろこ》が落ちる思いでした。

「いつも同じ格好、と気にする大人の女性、多いでしょう？　でも、それは素敵なこと。その人のスタイルが確立しているということだから」

若いころは今日はこれ、明日はこれとさまざまな「自分」を演じるのは魅力的。でも、大人はむしろ、毎日その人らしいほうが信頼できるのじゃないか……。なんだか、ほっとしました。印象をあれこれ変えなくていい。「居心地がいい服」を毎日選べばいい。それがお洒落と思えるようになったのです。

45 色、柄、素材……、初めての挑戦はボトムから。

そうとはいえ、居心地のいい服ばかりに甘えるのでなく、ときに挑戦や冒険をして、新しい自分を発見したい……。そんなとき、大人はどうしたらいいですか？と、あるスタイリストの女性に相談したところ「顔から距離のある、ボトムで試してみたらどうかな？　顔から近いトップスには、自分が落ち着く色や素材を選べば、違和感なくなじむと思うから」。

なるほどと納得させられました。顔から遠ければ、スカーフやバッグなど「小物」の延長として楽しめる気がして。大胆な柄のロングスカート、鮮やかな色のパンツ……、自分の可能性が広がる気がして、わくわくさせられたのです。

46 ジュエリーが要らないヘアスタイルがあった。

ある女優の方にフィーチャーしたページで、スタイリストの女性がひと言。「この髪なら、ピアスもネックレスも要らないと思うんです。フェイスラインまわりの髪のカットラインが、アクセントになって十分に華やかだから」艶やかで滑らかな髪質、無造作に整えられた毛先、その髪の動きがなんだかとても色っぽい。美しい「表情」をジュエリーで邪魔することなく、生かすという発想でした。

ファッションも美容も、若さを失うほどに「足す」ことに目が向きがちですが、潔く「引く」こともときに華を生む。そう教えられました。

47 コーディネイトは「服×服」より「服×肌」。

アヴァンギャルドで、色っぽい。そんなスタイリングに魅せられるスタイリスト、清水けい子さんに「コーディネイト」について話を聞いたときの言葉です。

「コーディネイトというと、服と服を思い浮かべますよね。でも、じつは服と肌の相性と捉えてほしいのです」

トップスとボトムの色や素材の相性はどうか、全体のバランスはどうか。小物やアクセサリーは？　なぜか、肌との関係性に無頓着でした。顔映り、デコルテや手脚の肌の見え方……、肌とのコーディネイトが上手くいけば、一気に垢抜けると気づかされました。

48

「整える」「まとめる」の先にある「崩す」「乱す」。

30代後半だったと思います。ファッションジャーナリストの女性にインタビューをしたとき「服をどう崩せるか、どう乱せるか。崩し方、乱し方に個性が表れるのよ」と言われました。その服と自分の間で対話をする、すなわち着る練習をしないと自分らしいお洒落にならないのだと。

「ただ、崩したり乱したりすることが個性として輝くのは、整えること、まとめることがきちんとできている人だけ。最初から崩す、乱すを狙うと、決して綺麗じゃない」

基本があっての応用。ファッションも美容も何もかも。そう教えられました。

49 「自分ヴィンテージ」を楽しんでみる。

就職祝いにお洒落な叔母からプレゼントされた、エルメスのスカーフ。初のひとり旅で訪れたパリでひと目惚れした、ペギー・ユイン・キンのトートバッグ。当時、背伸びして選んだ、グッチのビットローファー、バレンシアガのハンドバッグ、フランク ミュラーの時計……。

知らぬ間に、手に入れてから数十年を経ていたアイテムがたくさんあります。もちろん、どれも惚れ込んで、思い切って手に入れたものには違いないのだけれど、その当時の私には正直、なじまなくて、どこか無理をしているように見えたのも、確か。「いつかは」という思いを抱きながら、クローゼットの中で大事に眠らせていました。

ところが、最近になって、どれも、不思議と出番が増えてきたのです。いや、出番が増えてきたどころか、手に入れたあのころよりも、それを身に着けることにわくわくさせられています。

年齢を重ね、良くも悪くも、自分のスタイルが固まったからなのでしょうか？最近になって手に入れた洋服のコーディネイトに、ヴィンテージ感のあるアイテムの「一点投入」が、思いのほか効くみたい。トレンドやＴＰＯを超えたところにある、自分らしさという軸にぴたりと寄り添って、個性を強調するスパイスになってくれるのです。

ふと、思いました。「自分ヴィンテージ」は、大人ならではのファッションの醍醐味かもしれない、と。大人の証として手に入れた「ひとつ」を思い返してみてほしいのです。あのころより、今のほうが似合うという、楽しみ、喜び。年齢を重ねることにわくわくするはずだから。

50 夕方の顔に、赤い口紅をひと差し。

まだ、残暑が厳しい季節だったでしょうか。

仕事終わりの午後7時から、打ち合わせのために、ヘア&メイクアップ アーティストの女性と待ち合わせ。直前の仕事が早めに終わった私は、ほんの少し明るさが残る夕方、カフェに先に着き、ぼんやりと考えごとをしていました。

「お待たせしました」とやってきたその人に、目が釘づけになりました。

黒のブラウスにストレートのデニムと、いつも通りのカジュアルな装いでありながらも、唇には赤の口紅が綺麗に塗られていたから。いつも黒子に徹していて、化粧気をあまり感じさせない彼女だからこそ余計に、ギャップにどきりとさせられたのです。

素敵ですねと声をかけたら、こんな答えが返ってきました。

「撮影を終えて、鏡の中の疲れ切った顔に、びっくりしたの！　これではお目にかかる方に、あまりに失礼かな、と思ったんです。ちゃんとメイク直しをする時間はなかったけれど、口紅だけは、綺麗な色をつけようと思って……。じつは最近、そうしようと心がけているの」

元気に見えるのみならず、いつもより肌が明るく見え、口角も上がって見え、色っぽい印象でした。これが、赤い口紅の効果。存在ごと華やかにするのだと改めて思い知ったのです。

「何より、綺麗な色の口紅を差すと、それだけで気分がぐっと上がりません？きっと誰もが夕方の顔には疲れが滲んでいると思うんですけど、口紅はそれを払拭して、心まで元気にしてくれると思うんです」

だから今日から、赤い口紅をポーチに、一本。

51 ときには、思いきり着飾ってみる。

海外でも活躍する仕事仲間は、決まってこう口にします。

「もっと日本にも、ドレスアップの場があったらいいのに」

海外では、大人たちは、仕事を終えて一度家に帰ってから、着飾ってディナーやパーティに出かけたり、コンサートや舞台を鑑賞に出かけたりすると聞きます。

普段は、デニムにスニーカーの人が黒のドレスに着替えていたり、昼間はヌーディなリップグロスだった人が、真紅の口紅に塗り替えていたり、ふわんと無造作な髪がきゅっとタイトにまとめられていたり、爽やかなアロマの香りだった人が濃密なフレグランスを纏っていたり……。その差にぐっと惹きつけられるというのです。

ところが、私たち日本人にとっては、ディナーもコンサートも、「日常」の延長。仕事帰りに、化粧直しもそこそこに向かうことも多いし、たとえ週末だったとしても、そこまで着飾ることに慣れていない気がするのです。

ファッションにもメイクにも、もっと「特別」があってもいいのだと思います。自由に、大胆にいつもと違う自分を演出する機会が。特に、欠点カバーにばかり目が向きがちな私たち大人なら、なおのこと。

特別な自分が自分をはっとさせる、結果、日常の自分も慈しむことができる……、そんなプラスのスパイラルが生まれる気がするのです。これこそが、お洒落の醍醐味ではないでしょうか？

親しいメイクアップ　アーティストの女性が誘ってくれました。

「今度、思いきりお洒落して、食事に行かない？　場がないなら、自分で作ればいいのよね」

52 バッグや靴、ジュエリーで、「見せ場」を作る。

「それ、どこの?」とブランドを聞かれるのではなく、「なんだか素敵」と褒められるほうがいい。何かが目立つのではなく、全体がいい雰囲気、それが大人の理想形。そう思いながらも、気分や天気によっては服を選ぶこと、着ること自体が億劫になる日もあります。

そんな日はバッグや靴、ジュエリーの力に頼るのもあり。

服をベーシックカラーのワントーンにしたり、シャツとデニムなどカジュアルにしたりと、ある意味、個性を抑えて、小物やジュエリーで見せ場を作り、ぐっと格上げする。これも、ある女性スタイリストに教えてもらったテクニックです。

chapter 4

習慣を変える。

53 汚れを広げない、小分けクレンジング。

先日、ある女性誌が主催する読者イベントに参加しました。内容は、スキンケアの基礎の基礎を学ぶというもの。

化粧品の量、手の動かし方、力の入れ具合、間の取り方……。日々、美容に触れる立場にありながら、知らなかったこと、忘れていたことなど、新たな発見がいっぱい。中でも、どきっとさせられたのは、クレンジング剤ののばし方でした。

額、両頰、鼻、顎の5点に適量を置いて、顎から順に上に向かってくるくると肌の上で手を動かしながらなじませる。うんうん、大丈夫。私も、そうしてた。ところが……!?

「クレンジング剤を広げるときに、全部の汚れを一緒くたにしていませんか？　顎から始めて頬、鼻、額とのばして、最後は『混ぜ合わせる』ように、くるくる、くるくる……。それでは、ほかの部位の汚れまで顔全体に広げてしまうことになります。顎は顎、頬は頬、と、クレンジング剤を置いた5ヵ所それぞれ、そのエリア内で終わらせること。そうすれば汚れが肌に広がるのを最小限に抑えることができるんです」

クレンジングに対して、選び方やなじませ方、洗い流し方と、たくさんの取材をしてきましたが、そこが抜け落ちていたことを反省しました。

以来、正しいのばし方を実践しています。すると、もうひとつのメリットを感じ始めました。それは、手の力がいつもより優しくなり、肌をこすりすぎないですむということ。

意識するかしないかで、こんなにもクレンジングの仕上がりが違うのだと、感動しているのです。

54 化粧水は、「手よりコットン」が効く。

「化粧水は、手でつけたほうがいいの？　コットンでつけたほうがいいの？」

職業柄、友人や知り合いに美容について聞かれますが、意外や意外、じつはこの質問、結構多いのです。カウンターでは、コットン使用をすすめられることが多いのだけれど、せっかくの化粧水がコットンに奪われて、もったいないんじゃない？　そもそも、コットン自体、使わないですむのなら、そのほうが得。そう考える女性が多いよう。

何を隠そう、以前、私もそう感じていたことがありました。でも、ある化粧品会社の女性にインタビューをしたとき、こう言われたのです。

「墨汁で字を書くことを想像してください。たとえば、指に墨汁をつけて書くと、最初だけたっぷりついていて、あとは墨汁がなくなり、文字がかすれるでしょう？　一方で、筆に墨汁を含ませると、均一に長く書くことができる。それが手とコットンの差なんです」

初めてクリアにイメージできました。

つまり、化粧水を手でなじませると、最初にのせたところにだけ多くついて、それ以外には均一に広がらないというのです。何度も重ねてなじませる余裕があるならまだしも、むしろ、それでは化粧水が無駄になる。そのためにも、コットンを使ったほうがいい、というアドバイスでした。だから、忙しくて時間がない人ほど、コットンに頼るべき。

ただ、とろみのある美容液のような化粧水は、両手のひらに広げて、顔全体を覆い、「味わう」ようになじませるほうがいい場合もあります。大切なのは、肌のすみずみまで潤いを届けること。肌の声を聞きながら、使い分けましょう。

55 何はなくとも、ローションパック。

毎朝、毎晩のローションパック。佐伯チズ先生に教わり、実践してみて、その効果を身を以て知って以来、できる限り、朝も夜も続けようと思っていました。でも、忙しかったり疲れていたりするとすぐに、「今日はまあ、いいか」。ここだけの話、そんな日もじつは、多くありました。

ところが……！　仕事で出会うメイクアップ　アーティストの方たちを観察していると、必ずと言っていいほど、メイクアップ前にローションパックをするのです。たった3分で、肌の明るさも質感もぐんと格上げされて、メイクアップが上手くいくから。

実際、瞬時に肌が変わる、表情が変わるのを、目の当たりにして、改めてローションパックの効果に感動したのです。

もしかしたら、色も質感も、大人の肌印象を一瞬で変えて、生き生きとした肌に見せる力は、高価な美容液やクリーム、マスクよりも、大きいかもしれない……、と思いました。

ちなみに、方法は、いたって簡単。

大きめのコットンを水で湿らせ、お気に入りの化粧水を規定量含ませます。それを薄く3枚に割いて、両頬と額にぺたり。同様にもう一枚作り、割いて、フェイスラインや首、デコルテにも。余裕がない日は、両頬と額だけでもいいと思います。

睡眠不足や慢性疲労、余裕のなさや心の落ち込みまで、すべてがすぐに顔に出る私たち。だからこそなおのこと、ローションパックを味方につけない手はないと思うのです。

56 ローションパックでながら美容。

ローションパックは億劫、化粧水もコットンも無駄。そう思っている人へ。ローションパックはむしろ、ずぼらな人向きだと思います。朝のローションパックの間にベッドメイキング。夜のローションパックの間にお風呂掃除。つまり、ローションパックが化粧水をなじませる手間を省き、その分、ほかの作業に当てることができる。私はずぼらだからこそ、あえてローションパックをしているんです。

はがすまでの3分でベッドを整える、コーヒーを入れる、メールを送る、新聞を読む、食器を洗う……。習慣化したら、知らず知らずのうちに生活にリズムが生まれた気がします。

57 ローションパックのあとに、ハンドケア。

ある化粧品会社のPRの女性の手に目が釘づけになりました。白くて柔らかそう。顔に負けないクオリティ。どんなケアをしているんですか？と聞いてみました。

「こまめにハンドクリームを塗るくらいかな？　ただ、欠かさず行っているのは、化粧水をなじませたあとのコットンで手の甲全体をささっと拭き取ること。指を曲げて関節もくまなく。すると、ずっと明るさや柔らかさがキープできるみたい」

以来、私は、ローションパックのあと、そのコットンで手の甲、そして肘までささっと拭き取り。ほんの少しだけれど、滑らかな質感になりつつあるようです。

58 顔の「上半身」は、すべて目元と考える。

フェイシャルマッサージを体験したときのこと。頭皮からデコルテまで、広い範囲にじっくり触れる施術は、顔のどこがどれだけ凝っているかを「リトマス試験紙」のように教えてくれました。

そして、心地よく解《ほぐ》されているうちに、ふと気がついたんです。あれっ、顔の「上半身」が固まって動いていない。もしかしたら、「老け」印象は、ここから来ているんじゃないかって。

ここのところずっと、シワ、たるみ、最近では瘦せ、くぼみと目まわりの悩みが増え、それらが複雑に関係し合っているのを感じていました。

もともとの近眼に老眼も加わったこと。コンタクトレンズで負担をかけていること。アイラインやマスカラで、メイクアップするときもメイクオフするときも、こすったり動かしたりすること。長時間、パソコンや携帯の画面に向かっているために、目に余計な力がかかり続け、目まわりの筋肉や皮膚を強張らせていることも。

若い肌なら、自由自在に伸縮して悩みを跳ね返せるのに対し、硬いから、シワもくまもたるみもそのまま形状記憶されていると気づかされたんです。

裏を返せば、老化印象を和らげるには、顔の上半身をしなやかにすること。

そこで、顔の上半身は目元と考えて、ケアをするようになりました。まず、洗顔、化粧水とスキンケアを始めながら、額や眉間、こめかみなど上半身を順にほぐします。アイケアは、額、眉間、眉の上、こめかみ、目の下は頬の真ん中くらいまで広げて……。

目まわりが柔らかくなると、表情まで柔らかくなるみたいです。

59 芯から顔色を変えるなら「エアランニング」。

疲れが溜まっているとき、睡眠不足が続いているとき、肌も表情もどんより、いつもより5歳も10歳も「老け顔」に見える……。大人なら誰しも、思い当たる節があるはずです。すぐに解消するには、パック？　マッサージ？

最近の私は、その場で足踏みをする、エアランニングをしています。それは、取材をしたある女優の方の「顔色が悪かったので、朝、撮影前にジョギングをしてきたんです」という話を聞いたから。

実際、走ってみると、滞っていた全身の血液が巡り始めて、少しずつ少しずつ、顔に血色が戻ってくるみたい。急がば回れ、困ったらエアランニングです。

60 肌の小腹が空いたらおやつクリーム、夜食クリーム。

寝起きの顔を見たら、肌が乾いてる。夕方の顔を見たら、肌がくすんでる。年齢を重ねるほどに、スキンケアが長持ちしなくなるのを感じます。ならば、足りない分を補えばいい。肌の空腹状態を長く続けないように、肌の小腹が空いたら、肌にとってのおやつや夜食を。

私の場合は、UVケア効果のある日中用クリームを手に取り、両手のひらに広げて顔を覆うようにして優しくなじませる。夜のスキンケアのラストステップに塗ったクリームを、眠る前にもう一度重ねたり、スリーピングマスクを重ねたり。肌が満たされると、心も満たされるようです。

61 シートマスクは貼り方で「オーダーメイド」に。

疲れやダメージを癒やす夜マスクとして、メイクののりをよくする朝マスクとして、肌の底力を高める週末マスクとして、手軽で効果的なシートマスク。

私自身が頼りにしているのはもちろん、肌に悩むまわりの友人たちにも、よくすすめています。

そんなある日。新発売されるシートマスクの発表会に参加しました。「実際、メイクを落として、ぜひこの効果を体験してください」とのこと。いつものように目、鼻、口と位置を合わせて貼りつけ、顔全体にささっとなじませました。あぁ、気持ちいい！　そのまま、放置していると、担当の女性が私たちにひと言。

「それでは、効果半減です」

顔には、骨や肉による大きなものから、キメや毛穴などの小さなものまで、凹凸がたくさん。そこにシートを貼っただけでは、上手く密着せず、美容成分が全体に浸透しないというのです。

彼女は、シートマスクに予め入っている切れ込みをすべて切り、こめかみの凹み、目頭のくぼみ、目の下、ほうれい線、唇の下の段差、生え際や顎裏と、ありとあらゆる「浮き」や「ずれ」を逃さないように貼りつけたのです。まるで、私の顔のためだけにあつらえられたもののように。

同時に、気づかされました。シートを伸ばしながら顔全体を少し持ち上げるように貼られていることに……。シートマスクは、リフトアップされた顔を形状記憶する効果もあり。それまでのシートマスクの貼り方を大いに反省しました。

以来、顔の形や凹凸に合わせながら、リフトアップ、リフトアップ。ちょっとした心がけで、その差は歴然です。

62 大人になったら、アイケアは上まぶたから。

なぜか、アイケアは目の下から目尻脇にかけて。そんな「思い込み」があります。乾燥やシワ、くまに目が行きがちだから。何を隠そう、私自身がそうでした。

40代を迎えたころ、「しまった」と思いました。上まぶたのたるみ、くすみが急に目立ち始めたのです。アイメイクで酷使して、クレンジングで酷使して。コンタクトレンズなしではいられない私は、目をこすったり、引っ張ったりと、もっと上まぶたに負担をかけてる。ああ、上まぶたもきちんとケアしておくべきだったと後悔したのです。

だから、大人のアイケアは上まぶたから。

63

「日替わり」洗顔で、その日の肌を微調整。

朝の洗顔は肌をストレッチしてみて、その動かしやすさで状態を見極めて調整します。乾燥度30％なら泡立たない洗顔料やクレンジング剤を使って洗い流す。乾燥度50％ならクレンジングミルク×トーニングローションで拭き取る。乾燥度70％なら水で湿らせたコットンに化粧水とオイルを垂らして丁寧に拭き取る。絶好調と感じたら泡洗顔をするし、逆に元気がないと感じたらコットンに乳液をたっぷり含ませて拭き取るだけという日も。

朝の肌を調整できると、スキンケアもメイクアップも一日のクオリティも大きく変わる。肌のみならず、心の安定も手に入ります。

64 顔は「洗わない」日があってもいい。

今日は肌荒れ、今日は吹き出物と、いつもかさかさ、ごわごわしていて、なんだかくすんでる……。

「明日の肌のことは、明日の肌に聞いて」というほどに、30代前半まで、私の肌はとても不安定でした。

その肌が180度変わったきっかけは、クレンジングと洗顔の「落とすケア」を見直したこと。

それまで、クレンジング剤をなじませるときも、洗顔料で洗うときも、流すときも拭くときも、肌をごしごしこすってぐいぐい動かして、肌がきゅきゅっと音を立てるくらいまで「落としすぎ」ていたケアを、ミルククレンジングで拭き取ったり洗い流したりする「落としすぎない」ケアに変えました。たったそれだけで、与えるケアを変えなくても、肌がみるみる調子を取り戻していったのです。

肌をいじり壊していたのは、私自身だったのだと思い知りました。そして、この経験から学んだのは、肌には何より、「いい加減」が必要だということ。ときに顔を洗わない日があっていい、それくらいの「大らかさ」や「のびやかさ」が私には必要だったのだ、と……。

もちろん、ここで言ういい加減とは、「いい」「加減」。「すぎる」のも「足りない」のも、肌にとっては「不満」。しかも、調子も機嫌も毎日違う肌にとってのいい加減は、毎日違う……。

だからこそ、まずは、落とすケアで肌を微調整できる人でありたいと思うのです。体調によって気分によって、食べるものを変えるように。肌、体、心が欲しているものを察知できる人でありたい、と。

65 水と油のミルフィーユで肌を膨らませる、太らせる。

もともと、疲労や睡眠不足が続くと、萎み、痩せがちな私の肌。年齢を重ねるほどに、ますます潤いや弾力を失い、肌が薄く硬くなるのを感じます。そんなとき「即効」を狙って行うのが水と油のミルフィーユ塗り。化粧水とオイルをミルフィーユのように重ねる方法です。

洗顔後やお風呂上がり、まだ濡れている肌にオイルを広げてから、保湿ローションを塗布。もう一度、オイルで薄く薄くコーティングしてから、ローションパック。ひどいときには、間を空けながら繰り返します。次第に肌が芯から膨らみ、太って、もっちりと吸い付く触感へ。

66
メイクアップ時間をリップパック時間に。

メイクアップ　アーティストたちにとっての当たり前が、私たちにとっては特別であることが多々あります。小さなことで肌映え、メイク映えに差が生まれるのだと気づかされるのです。じつは、この方法もそう。

スキンケアを終えたら、メイクアップを始める前に、唇用のクリームや美容液を、唇にパックのように厚めに塗って化粧下地へ。つまり、メイクアップをしている間中、リップパックをすることで、唇の潤いやツヤ、ハリが高まって、口紅ののりが格段によくなるのです。以来私のメイクアップのファーストステップはリップパック。

67 リップクリームで、リップクレンジング。

モデル撮影の様子を観察していると、いろいろなことに気づかされます。たとえば、口紅の色を少し薄めたいときや口紅を塗り替えたいとき、リップクリームが大活躍するってこと。リップクリームを多めにブラシに取り、唇に塗布。ティッシュペーパーを唇でくわえるようにしてオフします。新しい色を重ねる場合は、そのあとで。つまり、リップクリームをリップクレンジング代わりに使うことで、「落とす」「整える」「与える」を同時に行うことができ、唇の負担を減らせるというわけ。

私も、化粧直しをするときに実践中。唇の荒れも減りました。

68 ブラッシングで肌も脳も、目覚めさせる。

髪のもつれをほぐす、頭皮の血行を促進させる、頭皮や髪の汚れを取る、皮脂を髪に行き渡らせる、キューティクルを整える……。知れば知るほど、年齢を重ねれば重ねるほど、ブラッシングのメリットはたくさん。

それなのに、ヘアケアが進化したり、無造作ヘアがもてはやされたりする中で、毎日の習慣から抜け落ちてしまった人、多いのではないでしょうか？　私のまわりにも「ブラッシングしていない」という人、意外と多いよう。

そこで、「起きたらすぐ」の習慣に取り入れてみました。頭皮を刺激することで、脳が目覚める、肌が目覚める。頭皮から全身の巡りスイッチがオンになります。

69 スキンケア前に耳たぶマッサージ。

取材を通して、血行を高めておくとスキンケアの効果が倍増すると知りました。だから私は、最近になって、スキンケアの前に、耳たぶをマッサージするようになりました。

マッサージと言っても、いたって簡単。耳たぶをつまんで上下左右に引っ張ったり、くるくる回したり、耳を塞ぐように前に倒したり、とランダムに動かすだけ。すぐに耳がぽかぽかして、次第に手足まで血が巡るのがわかります。

スキンケア前のみならず、仕事がはかどらないときにも、伸びをする感覚でいつでもどこでも。頭がすっきりとして、リフレッシュされるようです。

70 ホームカラーリングを歯ブラシでプロ並みに。

サロンにはなかなか通えない。でも、自力では限界がある……。白髪とのつき合いが始まった大人にとって、カラーリングは最重要課題のひとつに違いありません。私は基本的に、信頼しているサロンにお願いしながらも、その「狭間」をどうつなぐ？　と思い悩んでいます。

そんな話をあるヘア　スタイリストの女性にしたら、「私は、使い終わった歯ブラシで、ホームカラーリングしてるの」。歯ブラシは毛の密度が高いので、液の含みも、髪への絡みもすこぶるいいとのこと。なるほど、納得。以来、生え際や分け目は、歯ブラシでカラーリング。仕上がり上々です。

71 見た目印象は、根元と毛先、7cmが決める。

年齢とともに髪の悩みが増え、それらが複雑に関係し合っている中、美しい大人を観察するたび、ずっと確信していたことがあります。髪の根元「1・5cm」と毛先「5・5cm」、合計「7cm」が整っていれば、髪全体の、もっといえば存在そのものの印象が美しい、と。

7cmの「仮説」について、ずっと通っているAMATAの伸江さんに取材をしたところ、こんな答えが返ってきました。「根元1・5cmには、頭皮の健康度が、毛先5・5cmには、暮らしの丁寧度が表れるのだと思います」

合点がいきました。7cmが整っている人には、健やかさや余裕が感じられる。

だから、素敵な女性と感じる……。7㎝の素材力を高めることが、何より重要だと改めて思ったのです。

そこで、仲江さんに聞いた、7㎝を整えるための根本的な心がけ。

まず、根元1・5㎝。シャンプーを正しく行って毛穴を清潔に保ったり、美容液やマッサージなどのスカルプケアで頭皮を健やかにしたりして、髪がまっすぐに立ち上がる毛穴を育むこと。

一方、毛先5・5㎝。トリートメントを全体になじませたあと、もう1プッシュ余計に毛先に纏わせ、髪を束に分けてねじるようにして、髪一本一本にトリートメントを入れ込むひと手間を加えること。

じつはある雑誌で提案したのですが、女性たちから多くの反響がありました。

もちろん、適したスタイリング剤を選んだり、ドライヤーやアイロンをきちんと使いこなしたりすることでも、大きな差が生まれます。7㎝から始めると、印象が変わる！

72 リップクリームは、ブラシ塗りが効果的。

口紅やグロスをリップブラシで塗ると、唇に薄く均一に纏わせることができます。直塗りや指塗りでは塗りもれが生じがちな唇の細かい縦ジワにも、ぴたりと密着するから。

同じ理由で、リップクリームもブラシ塗りにトライしてみてほしいのです。細かい縦ジワにもしっかりとクリームがのび、ぴたりとフィット。瞬時に、唇が芯からふっくら潤うのを実感できます。ちなみに、ブラシ塗りをすると、直塗りや指塗りに比べて、まるで透明グロスを塗ったかのように綺麗に仕上がるのもポイント。休日、リップクリームのブラシ塗りだけで出かけることも多い私です。

73 クリームやマスクも、ブラシ塗りが効果的。

メイクアップ　アーティストたちの肌作りを観察していると、ファンデーションをブラシで塗っている人たちが多いことに気づかされます。

理由はこう。顔には骨格や肉づきによる大きな凹凸のほかに、手やスポンジでは塗りもれが生じやすい毛穴や小ジワなど小さな凹凸があります。ファンデーションブラシは、そのどちらの凹凸にもぴたりとフィットして、薄く均一に塗ることができる。

クリームやマスクも、ファンデーションのようにブラシ塗り。凹凸に均一にのばせるので、すみずみまで成分が届く。結果、効果が表れやすい気がするのです。

74 生え際の髪にも、トリートメントを。

年齢を重ねるにしたがって、髪にはいろいろな変化が生じます。その中のひとつが、生え際。毛が薄くなったり、細くなったり、伸びづらくなったり。結果、以前よりも浮き毛が増えた気がするのです。生え際の浮き毛は、全体がまとまっていないように見え、疲れや老けの印象につながる。そう思っていたら？

「生え際にもトリートメント、してますか？」と伸江さん。えっ、必要なの……？

「髪全体になじませ、毛先に少しプラスして重ねたあと、手に残った余りを生え際の髪に。髪がしなやかになって、扱いやすくなるはずです」。以来、毎回実践中。

75
日替わりヘアスタイルで毛穴トレーニング。

ずっと同じ分け目にしていたら、それが定着して、分け目を変えられなくなったという話、よく聞きます。それは、毛穴が長く同じ「姿勢」を取っていたために、「癖」がついてしまったからだそう。

もともとの髪の生え癖は変えられなくても、毛穴の癖は心がけ次第で変えられる。だから、分け目は「日替わり」が理想的。

今日は右、今日は左、今日はセンター……。5㎜、1㎝、位置をずらすだけでも毛穴をしなやかに保つトレーニングになるそうです。ちなみに、分け目を変えるといつもと違う表情を楽しめるというメリットもあります。

76 手のひら中央のくぼみは、緊張を解く「癒やしスイッチ」。

パンの生地をこねるとき、陶芸で土をこねるとき。手のひらに吸いつくようなあの快感。心理カウンセラーの女性曰く「粘土細工は心理療法のひとつ。手のひらで粘土に触れることで緊張した心や体をリラックスさせる効果があるんです」。手のひら全体で粘土に触れることは安定感、安心感につながるのだそうです。ところが、中央のくぼみは、意識しないと案外触れる機会が少ない、とも。

パン作りも陶芸も習慣にするのはなかなか難しいけれど、スキンケアなら簡単。化粧品に触れるとき、肌に触れるとき、この癒やしスイッチを押して緊張を解きたいと思うのです。

77 ヘアケアとネイルケアをシンクロさせる。

髪と爪が、同じたんぱく質でできていること、美容通ならずともなんとなく知ってているはず。だから、理論的には、どちらにも同じケアが効くんです。

ヘアオイルをなじませるときは、手のひら全体に広げながら、爪にもしっかりとなじませてから、髪の毛先を中心に内側から外側、外側から内側と手ぐしを入れます。一方、ネイルオイルで爪をケアしたら、その流れで、毛先にもなじませて髪もケアします。

じつは私、どちらも多めに取ったり、何度も重ねたりして、ヘアケアとネイルケアを意図的にシンクロさせているんです。ものぐさな人ほど効果的。

78 首とデコルテは、顔の仲間、体の仲間。

「『フェイスケアの余りを首、デコルテに』では、首、デコルテの分は余っていないのよ」「『ボディケアのいちばんに首、デコルテ』と言いながら、服につくのが嫌だからと無意識のうちに避けている」どちらも、美容の大家に指摘されたことです。

思えば、首もデコルテも、顔の仲間であり、体の仲間でもある。それなのに、実際にはどちらの仲間にも入れてもらえていない……。じつは私が今、もっとも「しておけばよかった」と後悔しているのは、首&デコルテケア。だから今日から、顔としても体としても意識してケアを。疎かにしていた人ほど、効果を実感。

79 スキンケアも「さしすせそ」のように。

和食の味付けは、調味料の「さしすせそ」の順序をきちんと守るのと、何もかもごちゃ混ぜにするのとでは、味に雲泥の差が生まれます。それは、浸透のスピードや担う役割など「科学的な根拠」に基づくもの。スキンケアも、同じではないでしょうか。

ステップには意味があり、役割がある。だから、それぞれが必要なところにきちんと届くよう、いちいち「間」を空けながら重ねること。化粧水が浸透しないうちに美容液を、美容液が浸透しないうちにクリームを、それでは、肌は「美味しく」ならない……。私も、ある美容の大家に言われ、はっとしたのでした。

80 パソコンやスマートフォンのあとは、額マッサージ。

職業柄、パソコンの前にいることが多い私。ふと鏡を見ると、両方の眉の上と眉間に深いシワが2〜3本波打っている……。無意識のうちに、両目を見開いたままばたきをあまりせず、画面を見つめているため。スマートフォンをいじっているときもきっと同じ状態だと思います。

そこで、この表情ジワが定着しないよう、額マッサージ。肘をついて両手の親指の付け根を額の両方のシワ部分に当て、頭部の重みをかけながら、くるくると回すだけ。一度に長い時間をかけるよりこまめにマッサージをするほうが効果があるみたい。

81 炭酸入浴剤の贅沢使いで、一気に疲労回復。

すっかり定着した「炭酸」効果。炭酸ガスは血管を拡張させ、血流を促進させるので、滞りがちな私たち大人は味方につけたいもの。

中でも手軽に取り入れられる入浴剤はおすすめです。重い荷物を持って移動したり、パソコンの前で終日キーボードを叩いたり。疲れが溜まって全身が凝り固まったと感じた日、私は贅沢にも、入浴剤の「一本使い」をしています。通常10回分を、一度に使い切るのです。

プロに全身をマッサージされるような感覚で、芯から疲れが抜けていくよう。じつは、まわりにいる美容のプロたちも、ひそかに実践しているようです。

82 ベッドについてから、首&デコルテケア。

首もデコルテも、顔の仲間であり、体の仲間であり。そう気づかせてくれた美容の大家に、こうも言われました。

「あなたの首は、顔に比べて『ケアされていない』のがよくわかる。顔との差がつけばつくほど、首に目がいくから、気をつけなさい」

10年ほど前になるでしょうか？ ああ、専用のアイテムを使って、首&デコルテケアもきちんとしなくちゃ。今すぐに、始めなくちゃ。そう決心したはずなのに、ふと気づくと、気を抜いてる、手を抜いてる。結局また、「顔の余りでケアすればいいや」……。

そんな毎日を過ごすうちに、首には深いシワが刻まれ、デコルテの肌は緩み、くすんでいました。

そこで、最近、始めたことがあります。それは、眠る直前に行う、首&デコルテケア。

ベッド横のサイドテーブルに専用のクリームをセットしておいて、ベッドに仰向けに寝転んで、顎下から首、さらにデコルテと、クリームを適量のばしてから、リンパの流れに沿うように首からデコルテに向かって、両方の手のひらを交互に動かして、マッサージします。特に、耳下や鎖骨、脇の下など、滞りをほぐすようにプッシュすれば、さらに効果的です。

仰向けに寝転ぶと、首からデコルテにかけて自然な形で伸びるので、手に力を入れすぎることなく、優しくケアすることが可能。

また、首やデコルテの肌への効果はもちろんのこと、マッサージや香りのリラックス効果が得られるからか、以前より眠りも深くなったような気がしています。

83 眠る2時間前入浴で睡眠と人生の質が高まる。

入浴剤の取材を通して、入浴と睡眠との間には密接な関係があると知りました。「体温のリズム」と「睡眠のリズム」が密接に関係しているのだそうです。

理由は、私たちの体のメカニズムにあります。入浴すると一時的に深部体温が上昇し、入浴後は、手足の末梢部から放熱して、深部体温が次第に下がります。

赤ちゃんが眠いと感じたとき、手足が温かくなると言われるように、私たちの体は、体温が0・5〜1℃下がったときに眠気を感じるようにできているので、入浴によって自然な眠りが叶うと言います。つまり、入浴によって、睡眠の質に関わる「体温コントロール」ができる。入浴は、睡眠の質を上げるのに効果的というわけなのです。

ちなみに、通常、0・5〜1℃体温が下がるのには、お風呂から上がって1・5〜2時間かかるとのこと。就寝時間から逆算して入浴するのが理想的だそうです。そこで私は、家で過ごせる日はできる限りその時間を守るよう心がけていて、今ではすっかり体がそのリズムを覚えた気がしています。

ふと、思い出しました。母が幼いころ、祖母がお風呂に入ると決まって「今日は叱ってごめんね」と笑顔になったという話。夫を早くに亡くし、父親役のプレッシャーも感じながら女手ひとつで母たちを育てた祖母にとって、入浴は唯一、心身共に「緩む」時間だったのでしょう。

反省や感謝で「今日」を労って、「明日」への英気を養い、希望を抱く。お風呂はそのスイッチ。科学的な根拠だけでなく、それを超えて、入浴は睡眠の質を決め、睡眠が人生の質を決めるのだと確信しています。

当たり前の習慣ほど大切にしたい。大人になって気づかされました。

84 万歩計は、体を変える、心を変える。

万歩計を持ち歩くようになって、10年以上が経ちます。

それまでずっと、運動不足になりがちな生活を変えたいと思い続け、友人に会うたび、「ねえねえ、運動してる？」と問いかけては、「ああ、何か始めなくちゃ」と溜め息をつく毎日。

ヨガ？　ジョギング？　パーソナルトレーナー？　私に向いているのは、何だろう……？　始めても続かない性格であることは、自分がいちばんよく知っているはずなのに。

あるとき、考え方を180度変えました。特別な何かを求めて、何もできない自分を憂うのではなく、できること、続くことを探そう。

そこで、もっとも身近でもっとも手軽な「歩く」を意識して、万歩計を持ち歩くことにしたのです。たったそれだけで、自然と「少しでも多く」「少しでも長く」と「欲」が生まれて、以前よりも歩く時間が増え、健康になった気がします。

そして、最近になって、気づかされました。ものごとの捉え方や考え方が前向きになった、と。

細かいことですが、たとえば、道を間違えたとき、以前なら「まったく、もう」と眉間にシワを寄せていたところ、今は、「歩数が稼げたから、まあ、いいか」と思えるし、笑顔でいられるようになりました。

それだけではありません。たくさん歩くようになって、「空腹」と「満腹」のコントラストが生まれたこと。歩くとお腹が空くから、食事が美味しい、食事を楽しみたいから、歩いてお腹を空かせよう……。単純なことを幸せだと感じられるように。それも、大きな万歩計効果に違いありません。

85 お気に入りの器に盛ると、たるまない、太らない、老けない。

以前、「抗老化」を歯科医師の立場から研究する先生に取材したときのこと。

「毎日の食事に『箸置き』を使っている人は、たるまない、太らない、老けないんです」

そう聞きました。箸置きを使うことで、ひと口ごとに箸を置くから、無意識のうちに噛むことに専念する。必然的に噛む回数や時間が増える。すると、顔の筋肉を使うから、リフトアップにつながり、たるまない。同時に、満腹感を得られるので、食べすぎを防ぐことができ、太らない。結果、老けないというのです。

どきりとさせられました。

確かに、誰かと一緒の食事には、1時間、2時間、いや3時間だってかけているのに、ひとりだと、30分もあれば、食べ終わってしまう。

誰も見ていない、食欲を満たすためだけの食事には気をつけなくちゃ。たかが箸置き、されど箸置き。取るに足りないことこそ、毎日意識する必要があるのだと教えられました。

器から見直したいと思います。TPOに合わせて洋服を選び、着ることを楽しむように、毎日の器にもこだわること。すると、箸置き効果同様、噛む回数や時間が増えるに違いないのです。

それだけじゃないのかもしれません。

器によって、食事の「間」が生まれる。「美味しさ」や「幸せ」を感じる間が生まれるのじゃないか、とも思うのです。

お気に入りの器で過ごす毎日と、そうでない毎日と。そうでない毎日にはない、間の積み重ねがきっと、大人の美しさを紡ぐはずです。

86 入浴できない日には、足浴×手浴で血流促進。

友人たちと盛り上がって帰宅が遅くなった日。どうにも体調がすぐれず、やる気が起こらない日。とにかく一分一秒でも早く眠りたい日……。そんな日は入浴を諦めて「足浴×手浴」をします。

40〜41℃と少し熱めのお湯を洗面器に溜め、両足、両手を同時に浸けて5分。末端を温めることで、温かい血液が全身を巡り、入浴ほどではないにせよ、じわっと発汗し、凝りが解れ、疲れが抜けるのです。

入浴は毎日の習慣にするのが理想的。でも、ときどきは「まあ、いいか」と自分を許すことも必要。ストイックになりすぎないことも大切と思う日々です。

chapter ⑤

価値観を変える。

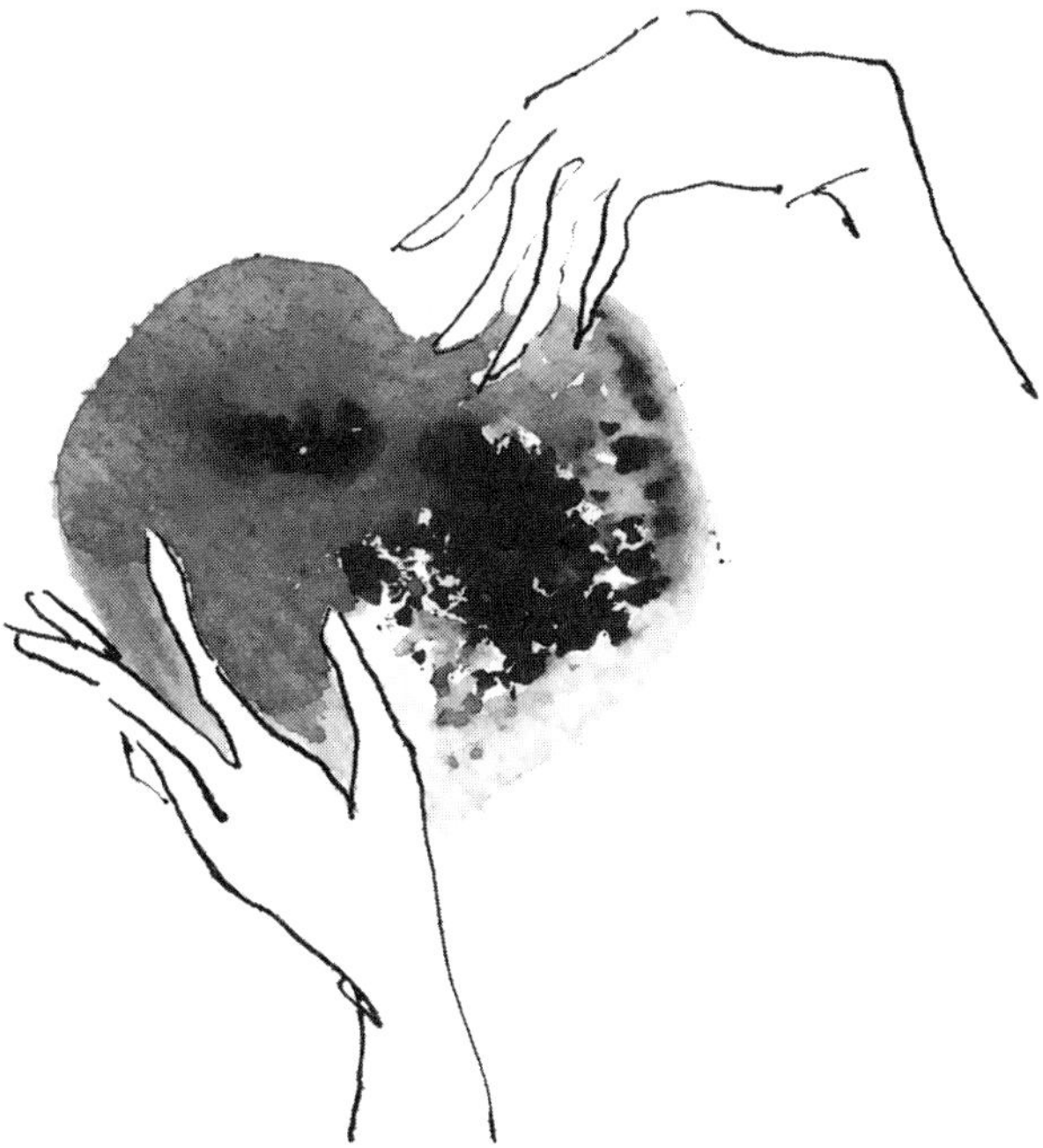

87 「物差し」を「若さ」から「素敵」へシフトする。

見た目の「若さ」が、女性の「美しさ」を測る物差し。ずっと、そう言われてきた気がします。何を隠そう、私自身も恥ずかしながら、かつてそう考えていました。

振り返ると、服もメイクアップもヘアスタイルも、無意識のうちに「若く見えるか否か」で選んでいた気がするし、何より、「若く見える」は、何よりの褒め言葉だと感じていました。

でも……！　私の場合は、ぱつんと切り揃えた前髪が、くっきり刻まれたほうれい線と「喧嘩」していたとき。カールとボリュームを強調したまつ毛が目まわりのシワを目立たせていたとき。「顔」の若さにばかり目を向けている間に、髪がいつのまにかツヤとハリを失って、ギャップが生まれていたとき……。「違和感」を目の当たりにしたとき、若さを追い求めることが美しさと逆行する場合があるのだと、思い知らされたのです。

もう、若さを作る時代ではないのかもしれません。誰もが、美しさの定義はもう、そうじゃないと気づいているはずなのです。

今こそ、年齢を重ねるほどに「素敵」になるという、新しい物差しを持ちたいと思います。ほかの誰かと競うわけでもなく、自身の若いころと比べるでもなく。年齢に抗うでもなく、単に成り行き任せにするでもなく。肌も心も自分にとって居心地のいい「今」を、日々積み重ねられれば、きっとその先に素敵が待っているはず。

そう信じられる「何か」を見つけることが、エイジングのコントロールにつながり、結果、「私」にしかない唯一無二の美しさを生む気がするのです。

88 スキンケアはメイクアップである。

私たちの仕事のひとつ、それは化粧品の「新製品発表会」に参加すること。美容の進化を知れば知るほど、製品の魅力のみならず、ファッションのトレンドも女性の意識も、時代のムードや社会の責任までもが見えてきて、伝えるという立場としても、一女性としても、心の底からわくわくさせられます。

そんな日々を過ごす私たち、じつは、半分冗談ながら、「右手より左手が綺麗」と言われています。右利きの場合、スキンケアの使い心地や仕上がりを、左手の甲で試しているから。つまり、スキンケアをした左手の甲と、そうでない右手の甲を比較して、瞬時に「差」を実感。しかも、その差を日々、積み重ねているから、知らず知らずのうちに左手と右手に違いが生まれているのです。スキンケアをする、しないには、こんなにも差があるのだと改めて痛感させられています。

思えば、私たちは日常のスキンケアで、右と左、するとしないの差を比較することはあまりありません。せっかくスキンケアをしているのに、その効果を目で見ることがあまりない。それが、スキンケアが義務になったり、惰性になったりする理由。

ただ、スキンケアをした瞬間に、ぱっと明るい肌色になったり、瞬時にもちっと吸いつく質感になったり。前とあとで比較するとよくわかります。そう、スキンケアはある意味、メイクアップなんです。

この繊細な差を目で見て手で触れて、体感してほしいのです。スキンケアでメイクアップできたかどうかを、体感してほしいのです。それが明日の肌を育むと信じて。未来の肌クオリティを左手のようにするか右手のようにするか……！スキンケア＝メイクアップと自分自身に言い聞かせながら、励む日々です。

89 「長所」と「短所」、じつは、表裏一体。

「僕ね、小学生のころ、通信簿の『長所』の欄によく『好奇心旺盛』と書かれていたんですね。片や、『短所』の欄には『落ち着きがない』といつも書かれていて。あれっ？　これって、同じことを言ってるんじゃない？　そう、思ったんです」

ＴＶのバラエティ番組で、ある男性俳優が熱く語っているのを偶然目にして、深く納得させられました。根っから明るい性格の彼は、きっと小さなころから、知らないことや未体験のこと、不思議と感じることに人一倍興味や関心を抱き、朗らかに軽やかに行動していたに違いない。

ところが、集団の規律が求められるシーンでは、ときに我を忘れる彼の自由な行動は、落ち着きがないと捉えられる……。

同じ特性を、表から見るか、裏から見るかの差。長所と短所は、表裏一体、きっと彼はそう言いたかったのだと思います。

じつは、私自身、その事実に気づいて、すーっと肩の力が抜けた経験があります。

私はもともと、子供のころから自分にないものを相手に見つけてはうらやましがる性格。自分の中に芽生える嫉妬や羨望など、負の感情にがんじがらめになったこともありました。でもあるとき、裏を返せば、その人の魅力に気づき、その人を敬うという、プラスの特性だと思えるようになった。自分の性格を「なかなかいいじゃない？」と思えるようになったのです。

ときどき、短所を裏返して見る「視点」と「発想」を持つことが必要なのだと思います。完璧であることが魅力じゃないと気づき始める大人なら、なおのこと。

内面にも見た目にも、自分の再発見につながり、自信や余裕につながるはずだから。

90 つねに「完璧」が美しいわけじゃない。

ごくたまに、一日中、家で作業をしてから、夜、食事のために、その日初めて出かけるということがあります。

その日も、そう。日が暮れて外がすっかり暗くなってから、どんよりと疲れた顔をリフレッシュさせなくちゃと、ストレッチやマッサージで軽く全身をほぐしたあと、一からスキンケアをして、メイクアップ。赤のリップにしようかな？洋服を着替え、香りを纏って、出かけました。

いざ、電車に乗ろうとホームに立つと、多くの人でごった返している。そうだ、帰りのラッシュアワーだった……。案の定、電車は、一日を終えて家路を急ぐ人たちで溢れていました。その中に乗り込んだ瞬間、あれっ？　メイクしたばかりの顔、着替えたばかりの服は、その時間、その空間になんだか合わない。そこでは、力が入りすぎているように見えて、浮いているのがわかりました。

少しメイクが崩れたくらいの、少し洋服にシワが寄ったくらいの、ほんのり疲れが見える人のほうが、その時間、そのシーンでは、なんだか人間的で美しい気がする……。

ふと思い出しました。あるスタイリストの女性が、早朝ロケのときがいちばん、メイクアップに気を使うと言っていたこと……。まだ日が昇らない時間帯、でもれっきとした仕事。だから、トーンアップして血色を感じさせるくらいのベースメイクに抑え、眉は陰を添える程度、唇はツヤを添える程度。それはまさに、すっぴん以上、化粧顔未満なのだと言って……。

つねに完璧が美しいとは限らない。完璧じゃないほうが美しいことがある。その「調整」ができれば、大人はもっと綺麗になれると思うのです。

91 大人の理想形は「いい調子」の形状記憶。

シミやシワがないほうがいい、毛穴が目立たないほうがいい。くすみもたるみもなくなればいいのに。理想の肌の条件を挙げたらきりがありません。しかも、年齢を重ねるほどに、そのサインは刻まれやすく、肌は下り坂……。

そんな私たち大人の肌の理想形って？　私は「今日、なんだかいい調子」を、毎日毎日積み重ねることだと思っています。たとえるなら、「体調がいい」をそのまま肌に置き換えた感覚。

触れたとき、笑ったとき、肌や表情がのびやかで晴れやか、そんな状態を形状記憶していくこと。スキンケアの正解はここにありそうです。

92 なりたいのは「綺麗な肌」？「綺麗な人」？

綺麗な肌の持ち主に会うたび、思います。この透明感、この生命感、きっと肌だけじゃない。表情なのか姿勢なのか所作なのか、その人が纏っている空気にまで、透明感や生命感が宿っている、と。

肌だけが綺麗な人はいないと確信するのです。

裏を返せば、清潔感や生命感に溢れる人は、どんな肌色でもどんな肌質でも、綺麗な肌の持ち主という印象が残るのも、事実。むしろ、肌だけが突出して綺麗と言われないほうがいい。纏っている空気が清潔で生き生きとしているほうがいい。「綺麗な肌」よりも「綺麗な人」と言われたい、そう思いませんか？

93 古くなるほどに味わいを増す「何か」とともに。

母からもらったパールのネックレス。背伸びをして買った自動巻きの時計。清水の舞台から飛び降りるつもりで買ったレザーのソファやレザーのブルゾン。漆の重箱も鉄製の鍋も。慈しむほどに味わいを増して、古くなるほどに愛着が湧くものがあります。

これらに触れるたび、まだ新しすぎる、まだ味わいが足りないと思う。「とき」がもっと素敵にしてくれると思う。

古いほうがいい顔をしている「何か」を傍らに置くと、エイジングに対する考え方が変わる。自分と年齢の関係が滑らかで柔らかいものになる気がするのです。

94 大人になるほど、第一印象が真実を語り出す。

ある脳科学者の男性がこう言っているのを聞きました。

「この人、怖そうだなあ。この人、優しそうだなあ。街ですれ違った人、電車で乗り合わせた人の無意識の顔を見て、そう思うこと、ありませんか？　大概、その『読み』は当たってるものなんです。だって、顔は気持ちを表情にのせて積み重ねた証だから。怖く見える眉間のシワはネガティブな気持ちでいる時間が長かった証、優しく見える目尻のシワは、ポジティブな気持ちでいる時間が長かった証。年齢を重ねるほど顔には、その人の生き方が見えるんです」

大人になるほどに顔はあなたそのもの。第一印象が真実を語り出す……。

95 自分の顔を創れる人が好きな顔になれる。

ある大人の女性誌から、こんなアンケート調査を受けたことがあります。

「あなたの好きな『顔』を、教えてください」。著名な大人の女性の中で、好きな顔、つまりは、憧れる顔、なりたい顔を、具体的に挙げてください、というものでした。

うっかり引き受けてはみたものの、答えに窮し、パソコンを前に、キーボードを打つ手がぱたりと止まりました。好きってどういう意味だろう？ そもそも、顔って何だろう？

考えれば考えるほど、わからなくなったのです。

職業柄、私は、女優やモデルとして活躍する大人の女性にお目にかかる機会に恵まれています。見られる職業を選んだ彼女たちは、確かに、溜め息が出るほど、目鼻立ちが整い、均整のとれた体型をしていて、正直、「こんなふうに生まれていたら、私はどんな人生だっただろう？」と思うこともしばしば。ただ、そのたび「想像」から「現実」へと引き戻されるのは、顔やスタイルといった表面的なものを超えて、奥に秘められた魅力に触れたとき。ひとりひとりがその人にしかない人生を生きてきたから、この顔、このオーラ。「造形」にだけ憧れても意味がないと、そのたび思い直すのです。

親しい美容ジャーナリストの女性にこの話をしました。すると……？

「大人は、自分をもっと愛していいんじゃないかなあ。自分の顔を創るのは、自分。自分の顔を好きと言えたら、最高だよね」

他人の顔はおろか、若いころの自分の顔でさえ、「なりたい」と思う感情からは、もう卒業したいと改めて思いました。自分を愛したい、顔を創りたい、と。

96 「修理」でなく「手入れ」が長持ちするかどうかを決める。

長く通っている、小さな靴の修理店があります。対応をしてくれるのは、口数は少ないけれど、靴への愛に溢れた男性。仕事ぶりはまさに職人で、傷みを直してくれるのはもちろん、ツヤやハリを失った質感をできる限り再生させて、私の手元に返してくれます。

細くて高いヒールの割にはとても履きやすく、秋冬は出番の多いショートブーツ。知らぬ間にかかとがすり減っていたのを発見し、焦って修理してもらいに行きました。すると、彼が穏やかにひと言。

「もっと早く持ってきてもらえたら、綺麗な状態が長持ちするんですけど、ね」

よくよく見ると、底のゴムの部分のみならず、ヒールの皮革部分にまで傷が及んでいる……。大いに反省しました。

傷ついてからの「修理」でなく、傷つく前の「手入れ」。その差が長持ちさせるかどうかを決めるのだと、改めて思い知ったのです。

じつはこの話を思い出したのは、プロ野球選手として数々の記録を達成し、監督や評論家としても記憶に刻まれている人、金田正一さんの、偶然耳にした言葉がきっかけでした。

「手入れの行き届いた体は、長持ちするんです」

あれだけの偉業を成し遂げた背景には、才能や努力のほかに、「手入れ」があったのだと確信しました。

靴と同じなのだと思います。肌や体の手入れで、綺麗が長持ちするかどうかが決まる。大事なのは、修理じゃなく、手入れ。大人になればなるほど、肝に銘じたいと思うのです。

97 「何歳に見える？」というあり方が大人を老けさせる。

何気なく見ていたバラエティ番組で、男性芸人たちが盛り上がっていました。「いちばん困るのは、女性に『何歳に見える？』と言われることだよね」「何歳に見える？」は、すなわち、実際の年齢よりも、見た目年齢のほうが若いんですよ、という暗黙のアピールであり、プレッシャーにほかならないと言うのです。だから、この質問に対しては、「忖度《そんたく》」しなくてはいけない。マイナス5歳では足りない、マイナス10歳では行きすぎる、なんとなく7歳くらい若めの年齢に着地するのが正解……。ところが、そこまで考えて答えたのに、実際の年齢とさほど変わらなかったときの「気まずさ」といったら！

彼らの気持ち、とてもよくわかります。

いつのころからか、「○歳なのに、綺麗」といった褒め言葉が生まれていました。大人になっても、若いころと変わらず綺麗、という褒め言葉。確かに、美しい大人は、手入れを怠らず、努力を重ねているので、結果的に、○歳には見えないのかもしれません。

ただ、「何歳に見える?」というあり方は、それとはまったく別物。若く見えることを目的とした「自意識」。美しさを整え、磨き、育む「美意識」。両者には、雲泥の差があると思うのです。

冒頭の男性芸人のひとりが言いました。

「何歳に見える?　と聞くこと自体、自分はおばさんだと言っているようなものだよね」

傲《おご》り?　思い上がり?　そのあり方が、大人を老けさせるのだと思い知らされました。

98 スキンケアも運動も気持ちよく生きるために。

15年ほど前、エクササイズ教室の先生に取材をしました。当時、先生は70代。年齢を重ねるほど、美しさに磨きがかかっている女性の秘密を探る企画でした。「若いお嬢様方の雑誌で、私なんかがお役に立てるのかしら？」。電話越しの声は、澄んでいて弾んでいて、お目にかかるのがさらに楽しみになりました。

東京から新幹線でおよそ1時間。待ち合わせ場所に颯爽《さっそう》と現れたその人は、存在ごと只者じゃないオーラを放っていました。

しなやかな体、軽やかな動きは、溜め息が出るほど。エクササイズの方法から生活するうえでの心がけまで、具体的な話を伺ったあと、個人的に気になった質問を投げかけてみました。

「年齢を重ねる中で、『もういいや』と諦めそうになったことはありませんか?」

忙しかったり、疲れていたりして、何もかも面倒臭くなる日がある。何をしても肌や体が言うことを聞いてくれなくて、見た目の「壁」にぶつかることも多々。そのたび、諦めそうになるのですが……。

すると、「何を諦めるの? 生きることを?」。「生きる」は、「気持ちよく生きる」の意だと彼女は言いました。生きている限り、自分自身を気持ちいい状態に保つのは、当たり前でしょう? と。

スキンケアも運動も、義務になったり惰性になったり。それでは、もったいない。そのときの自分を気持ちのいい状態にするための習慣。だからこそ、継続がすべて。その人の美しさに説得されたのです。

以来、続けられることをこつこつと、が理想形だと思うようになりました。気持ちのいい一日を重ねられるように。

99 髪を切ると、毎日が変わる、人生が変わる。

「髪を切って、幸せになった女性を数えきれないほど、見てきました」

ある男性ヘア&メイクアップ アーティストがこんな話をしてくれました。以前、サロンに在籍していたころ、髪を切ってヘアスタイルを変えた途端、肌色が変わり、表情が変わり、サロンに来る「前」と来た「あと」では、まるで違う人に見えるケースが少なくなかったと言うのです。

その理由は、新しい自分に出会えるから。

髪が、停滞していた自分の気持ちのスイッチを押し、誰かに会いたくなる、どこかに出かけたくなる、何かを始めたくなる……。結果、毎日が変わり、人生が変わるのではないでしょうか？　決して大げさなことではなく、誰もが持っている可能性なのだと思います。

もちろん、スイッチは、髪だけではないはずです。

少しだけ背伸びした服や靴を買うのもいい。似合わないと決めつけていた色の口紅や、苦手意識を持っていたアイラインに挑戦してみるのもいいでしょう。ジュエリーをつけたり、ネイルカラーを塗ったり、そんなちょっとしたことが背中を押してくれるような気がします。停滞しがちな大人ほど、スイッチ探しが必要だと思うのです。

そういえば……！　年下の仕事仲間の女性の言葉を思い出しました。

「引っ越した途端、私、人格までも変わる勢いなんです」

綺麗好きになり、料理好きになり、そしてやっぱり、誰かに会いたくなり、どこかに出かけたくなり、何かを始めたくなったのだ、と……。環境を変えることもスイッチになる、きっと。

100 「新しいものかどうか」より「本物かどうか」。

編集者になったばかりのころ、同業の先輩に、こんなふうに言われたことがあります。

「『新しい』ということは、確かに、読者にとって、とても有益な情報。でも、ね。それだけでは、編集者が存在する意味がないと思わない？　『本物』かどうか、という『センサー』を働かせて見つけ出し、『フィルター』を通して選び取り、伝えないといけないと思うんだよね」

最近になって、不思議とこの言葉がよく思い浮かびます。

情報が溢れに溢れている現代。世界中、どこにいても平等に、新しいものを知ることができるし、手に入れることだってできる。しかも、いとも簡単に、スピーディに。

新しいことが最大の価値のように言われるから余計に、この言葉に「帰りたい」と思うようになったのかもしれません。

今こそ、「私」オリジナルのセンサーとフィルターを持ちたいと思います。自分にとって、それは本物か？　という……。

新しいもの、未体験のことにわくわくする好奇心はとても大切。そのうえで、流行や価格に惑わされることなく、同時に、今という時代の空気と、年甲斐を重ねてきた自分との調和を吟味しながら、本物を丁寧に選ぶ感覚を研ぎ澄ませたいと思うのです。

新しいだけのものは、手に入れたときが最高で、あとは価値が下がるばかり。本物は、時間が経つほどに愛着が湧いて、味わいや風合いを増していく……。

そんな物差しを持つと、大人であることをもっともっと楽しめるはずです。

あとがき

その日は、大人の女性9人が集まっての「打ち上げ」。あいにく、朝からずっと、冷たい雨が、しかも嵐のように激しく降っていました。

夜、比較的余裕があった私は、たまたまいちばん乗り。皆が来るのを待っていると、レインコートを着ている人、レインブーツを履いている人、髪もバッグも雨に濡らしながら、ひとり、またひとりとやってきて「久しぶり?」「どうしてる?」とそれぞれに言葉を交わして席へと着きました。

全員が揃ったところで、さあ、乾杯。誰からともなくこんな言葉が飛び出しました。

「あれっ？　みんな黒、じゃない？」

ジャケットあり、ニットあり、ブラウスあり、アイテムはばらばらだったものの、全員トップスが「黒」だったのです。

「端《はな》からお洒落を諦めてた」「何も考えずに着てた」……。そして、口を揃えて、「だって、雨だったんだもん」。

どんな日も私たちを助けてくれる黒という色に感謝する一方で、ふと思い出したのです。ある雨の朝、女性スタイリストとのメールのやり取りを。

「雨だと服や靴に困りますね」と言う私に、返ってきたのは「憂鬱な気分を吹き飛ばすような明るい色を纏って出かけようと思います」。

雨だからとすべてを諦める私に対して、雨だからと服を楽しむ彼女。心の向きによって、その日のクオリティには雲泥の差が生まれる。しかも心の向きを決めるのは自分自身……。改めて、そう気づかされたのです。

上手くいかないときほど、違う発想をしてみる。停滞したときほど、自分を動かしてみる。「何か」を変えることで、年齢を重ねることがもっと楽しくなるのではないか……？

そこで、私が敬愛するまわりの方々にもらった「気づき」と「工夫」を、できるだけたくさん文字にしました。たったひとつでもいい、どんなことでもいい、「変えてみよう」と思ってもらえたら、こんなに幸せなことはありません。

正直、私自身、忙しいと忘れ、疲れていると忘れ、すべてをこなしているわけではありません、ただ、ひとつでも少しでも何かを変えてみると、何かが変わっていく、それが自分自身への興味や、未来への希望につながると確信しています。

じつは私、この本を書いている間に、髪をロングからショートにしました。その変化を言葉にするなら……？

「今日、何を着よう？」から、「明日、何を着よう？」へ。

つまり、日常の習慣が「義務」から「ときめき」へと大きく変わったのです。

迷ったり悩んだりする私を大らかに受け止め、ときにプロ目線で、ときに読者目線で的確に導いて、形にしてくださった相場美香さん。とびきり美しく格好いいイラストで、装丁や口絵を飾ってくださったＡＭＡＴＡの美香さん。シンプルながら温もりを感じさせるデザインに仕上げてくださったL'espaceの若山嘉代子さん。顔写真を撮影してくださった資人導さん、メイクアップをしてくださった中台朱美さん、ヘアスタイリングをしてくださった左右田実樹さん、仕事でプライベートで、素敵な大人になるためのヒントをくださった敬愛する方々。日々、私を支えてくれている友人や家族に、心から感謝を申し上げたいと思います。ひとりでも多くの女性たちに、メッセージが届きますように。そう祈ってやみません。

松本千登世

松本千登世　まつもと・ちとせ
美容ジャーナリスト、エディター。1964年、鳥取県生まれ。神戸女学院大学卒業後、航空会社の客室乗務員、広告代理店を経て、婦人画報社（現ハースト婦人画報社）に勤務し、編集作業に携わり、その後、フリーランスに。数多くの女性誌、美容誌で連載・特集の執筆を行う。長年にわたる取材で得た知識と審美眼を通してつづられる美やライフスタイルのエッセイは幅広い世代に人気。著書に『ハイヒールは女の筋トレ　美の基礎代謝をあげる82の小さな秘密』『もう一度大人磨き　綺麗を開く毎日のレッスン76』（ともに講談社）などがある。

イラスト　美香（AMATA）
ブックデザイン　若山嘉代子 L'espace
顔写真　資人導
写真　松本千登世

「ファンデーション」より「口紅《くちべに》」を先《さき》に塗《ぬ》ると誰《だれ》でも美人《びじん》になれる　「いい加減《かげん》」美容《びよう》のすすめ

2020年1月22日　第1刷発行

著者　松本千登世《まつもとちとせ》
発行者　渡瀬昌彦
発行所　株式会社　講談社
〒112-8001 東京都文京区音羽2-12-21
編集　03-5395-3529
販売　03-5395-4415
業務　03-5395-3615
印刷所　株式会社新藤慶昌堂
製本所　株式会社国宝社

ISBN978-4-06-518526-1